ሐደ፡ዛንታ።

ብተመሃራዮም

ኣባ ገብረየሱስ ኃይሉ ዝደረሱዎ።

ቀዳማይ ሕታም።

ቤት ማሓተም ጴጥሮስ ሢላ። ኣሥመራ።
፲፱፻፵፪ ዓ፡ም።

Luchar por tierra extraña

GEBREYESUS
HAILU

Luchar por tierra extraña

TRADUCCIÓN:
JOSEBA **GARCÍA CELADA**

TXALAPARTA

PRIMERA EDICIÓN DE TXALAPARTA
Febrero, 2025

Obra traducida a partir de la edición inglesa *The Conscript*, traducida por Ghirmai Negash (2013)

EDICIÓN: Ane Eslava

EDITORIAL TXALAPARTA S.L.L.
San Isidro 35
31300 Tafalla NAFARROA
Tfno. 948 703 934
info@txalaparta.eus
www.txalaparta.eus

ISBN
978-84-10246-33-1

DEPÓSITO LEGAL
NA. 47-2025

DISEÑO DE COLECCIÓN Y CUBIERTA
Esteban Montorio

MAQUETACIÓN
Amagoia Arrastio Ágreda

IMPRESIÓN
Gráficas Iratxe
Polígono Agustinos, calle M, 5
31160 Orkoien – Navarra

MIXTO
Papel | Apoyando la silvicultura responsable
FSC® C161503

txalaparta

Introducción del traductor

LUCHAR POR TIERRA EXTRAÑA es la primera novela en lengua tigriña, escrita por Gebreyesus Hailu en 1927, prohibida por los italianos que entonces ocupaban Etiopía y Eritrea. No fue publicada hasta 1953, más de diez años después de la salida de los italianos, bajo el título *Hade Zanta* (ሓደ ዛንታ), cuya traducción directa sería *Una historia*. En 2012 fue traducida al inglés y publicada por Ohio University Press bajo el título de *The Conscript*, y en 2022, Tamu Edizioni la editó en italiano, con el título *L'Ascaro*. Ahora se presenta aquí en castellano, y amplía el acceso a este hito tan relevante de la cultura eritrea y africana.

El conocimiento de esta obra cambió la visión que se tenía de la literatura africana y reubicó el origen de su tradición novelística en la historia. Llevó a descubrir que esta existía incluso antes de la descolonización, aunque las metrópolis hiciesen lo posible por ocultarlo. Demuestra asimismo que los escritores como Gebreyesus Hailu se expresaban también en su propia lengua, que la creatividad y la calidad literaria no estaba limitada a lo que se escribió en las lenguas de los colonizadores.

Para esta traducción hemos optado por partir de la traducción inglesa, por ser la primera traducción realizada desde el tigriña original. Además, hemos elegido el título *Luchar por tierra extraña* para remarcar el lado desde el que nos aproximamos a lo relatado: la conciencia que nace en los protagonistas eritreos al ser enviados a combatir en la guerra colonial en Libia.

En el texto se denomina al soldado protagonista y a sus compañeros como reclutas, áscaris y *habesha*. No de forma indistinta: «recluta» se utiliza como un término neutro, funcional; «áscari», porque es como denominan los italianos al soldado etíope y eritreo bajo su mando, con cierto tinte denigrante, y «habesha» se utiliza en la novela como autoidentificación étnica, con connotaciones de orgullo y de cualidades guerreras.

Áscari[1] es la denominación dada por las metrópolis a las tropas reclutadas en sus colonias de África y Oriente Medio para combatir en diversos escenarios, incluidas las dos guerras mundiales, pero también en guerras coloniales en otros territorios e incluso en las que las enfrentaban a sus propios pueblos. El término viene del árabe, también del farsi y del suajili, donde significa soldado. En España el término se utilizó en Guinea Ecuatorial, a donde llegó desde las colonias alemanas (Camerún) y francesas (Marruecos). Por una parte, en el marco de la Primera Guerra Mundial, tras la derrota alemana, las tropas que

1. En el diccionario de la Real Academia Española se define áscari como «soldado de infantería marroquí», aquí hacemos un repaso del significado del término en el contexto histórico y literario. En el Diccionario Enciclopédico Abreviado de Espasa Calpe, bajo la voz «Áscari o Askari», en la segunda acepción, se recoge: «Soldado indígena adiestrado por europeos. Los áscaris formaron parte de las fuerzas de los aliados en la campaña contra los alemanes en el E. de África (P.G.M.). También formaron parte de las fuerzas alemanas. España tiene organizadas estas tropas en Marruecos y en África occidental».

cruzaron la frontera de Río Muni buscando refugio estaban formadas en buena medida por áscaris cameruneses. Fueron enviados a la isla bajo dominio español, Bioko, por exigencia de los aliados que querían alejar a las tropas alemanas de sus fronteras. Acabaron integrándose en la Guardia Colonial, donde adquirieron prestigio por su disciplina y eficacia, y luego se sumaron otros áscaris licenciados de las guerras en el norte del continente[2].

Luchar por tierra extraña nos narra la aventura de los áscaris etíopes y eritreos que reclu-

2. Hay otras experiencias españolas de reclutamiento de tropas coloniales, aunque no se les denominase como áscaris, pero que plantean escenarios muy similares. Las *harkas* utilizadas en las guerras del Rif, unidades de nativos norteafricanos bajo el mando de oficiales españoles; las «tropas moras» utilizadas en la guerra civil española; la policía y tropas nómadas del Sáhara «español» y hasta la «guardia mora» de Franco. Se echa en falta una literatura que refleje las vivencias de aquellos soldados desde su propio punto de vista. Para más información sobre este poco conocido aspecto de la colonización española, ver Gustavo A. Ordoño Martín (30 de noviembre de 2023). «Los áscaris o askaris, los soldados indígenas usados en los ejércitos coloniales». *El rincón de Sidi Ifni*. Disponible en https://www.sidi-ifni.com/index.php?option=com_content&task=view&id=1568&Itemid=107. Para más información sobre los áscaris, ver José Ramón Carriazo (21 de noviembre de 2019). «¿Quiénes eran y a qué se dedicaban los áscaris?». *La bitácora de Carriazo*. Disponible en https://carriazo.hypotheses.org/1695

taron los italianos para sus guerras coloniales en Libia y en Etiopía. Es un relato desde la experiencia de uno de sus protagonistas, que retrata sus vivencias, anhelos y desilusiones, y el descubrimiento sobrevenido de la conciencia de estar sometido, colonizado. Los habesha descubren durante su viaje que son utilizados contra otros pueblos sometidos, que no hay honor y gloria en combatir por cuenta de otros, cuando no defiendes a tu familia, a tu país.

Se cuentan en Eritrea historias similares, de otra generación de áscaris, relacionadas con el reclutamiento para la guerra colonial italiana contra Etiopía de 1935 a 1941. Hubo por tanto dos generaciones de reclutas: una primera generación llevada a combatir en Libia y Somalia de 1910 a 1930 y una segunda que luchó en Etiopía[3].

El número de eritreos reclutados fue sorprendentemente alto en relación con el total

---

3. Uoldelul Chelati Drar, «From Warriors to Urban Dwellers; Ascari and the Military Factor in the Urban Development of Colonial Eritrea», en *Cahiers d'etudes africaines* 175 (2004): 533-74; y Zemhret Yohannes, *Italyawi Megza'ati ab Ertra: 1882-1941* (Asmara: Hdri, 2010), 373-76.

de población. En 1935 había unos 600.000 eritreos y, aunque a menudo en los batallones se integraban también soldados de otros países, como Etiopía y Sudán, se calcula que el ejército colonial italiano tuvo un total de unos 130.000 eritreos entre 1890 y 1935, con un máximo de 60.000 en la campaña de Etiopía en 1935.

La propia biografía del autor, Gebreyesus Hailu, habla del descubrimiento de la conciencia de colonizado que plasma en la novela, siguiendo un ruta diferente aunque en cierto sentido paralela a la de Tuquabo, el protagonista, y sus compañeros.

Hailu nació en 1906 en Alfeba, en el sur de Eritrea[4]. Fue un niño precoz a la hora de aprender a leer y a escribir. Empezó la escuela en la San Michele School de Segeneyti y siguió su formación en el Seminario Católico de Keren. En 1924 viaja al Vaticano, donde obtiene la *licenza ginnasiale* en el Colegio Etíope en 1927, en solo tres años en lugar

---

4. «Gabra Yasus Hailu», *Encyclopedia Aethiopica* (2005), 630-31; Abba Agostinos-Tedla, *La Lingua Abbissinia* (Asmara: Edizioni «Adveniat Regnum Tuum», 1994), XII.

de los cinco ordinarios. Gebreyesus Hailu se licencia en Filosofía y Teología y, en 1937, se doctora en Teología con una tesis en latín. Teólogo y vicario general de la Iglesia Católica en Eritrea, tendrá un papel muy relevante durante la época de la lucha colonial y después, tras la independencia, en los gobiernos etíopes. Será agregado cultural en la Embajada de Etiopía en Roma, miembro de la academia nacional de la lengua y asesor del Ministerio de Información, hasta que su retirada en 1974. Fallecerá en 1993, el mismo año en el que Eritrea celebra su referéndum de autodeterminación que consolida su independencia.

Como se dijo al principio, Haylu escribió *Luchar por tierra extraña* en lengua tigriña. Fue publicada en 1950 y ha tardado casi setenta años en ser traducida al inglés, a una primera lengua no africana de amplia extensión. Es la primera novela de la historia de la literatura eritrea y una de las primeras escrita en una lengua africana. Pone de relieve que la literatura africana en sus lenguas maternas ha sido poco conocida hasta ahora; parecía que los autores africanos tenían que escribir en las lenguas de las antiguas metrópolis para poder ser conocidos fuera de sus fronteras y ser reconocidos como literatos. Cuando hablamos además de la plasmación de primera mano de la experiencia de las personas que conformaban los pueblos sojuzgados por los colonialismos europeos, salta inmediatamente la inquietud de que ese colonialismo, con todo lo que conlleva de desconsideración hacia los pueblos sometidos, sigue manteniendo cierta vigencia en nuestras actitudes sociales.

En este contexto es necesario señalar lo poco que se conoce en el Estado español la cultura de Eritrea; de hecho, su lengua no aparece tan siquiera recogida como un término reconocido por la Real Academia de la Lengua, si bien se utiliza para sus escasas citas el término «tigriña» de forma prácticamente consensuada.

El lenguaje utilizado en la novela ha de destacarse tanto como su temática. Hay muy motivadoras descripciones de Libia, a través de los ojos del protagonista, con imágenes, inquietantes y tiernas, de las arenas desérticas, los oasis, los jinetes, los soldados de infantería y las brutalidades de la guerra.

Inevitablemente nos salta la conexión de esa parte de la narración, sobrecogedora, con los fotogramas de 2011 de la intervención europea-occidental en Libia y la ejecución del coronel Gadafi. El lenguaje se vincula además con la tradición oral africana y la poesía a ella asociada[5], se aprecia tanto en la estructura de la narración como en el uso que hace del propio lenguaje.

Es un lenguaje poético, poblado de alegorías y proverbios, propios de la tradición tigriña (y de otros pueblos), presentes sobre todo cuando se trata de remarcar una crisis o de señalar una transformación. Otras características típicas de esta forma de narrar son el uso de la repetición y de los paralelismos. La novela en su conjunto sigue una dirección progresiva en el tiempo, pero al aplicar una técnica tradicional de relato recursivo, le da también cierto aspecto circular.

La temática nos conecta con una historia, con sus imágenes y sus canciones, que vive en la memoria y la conciencia colectiva de

---

5. Scheub, Harold. «A Review of African Oral Traditions and Literature», en *African Studies Review* 28, n.º 2/3 (1985): 1.

Eritrea y que aún hoy en día es transmitida boca a boca. Después de cien años desde aquellas guerras, de los combates en Libia, en muchas familias siguen escuchando las vivencias de padres o abuelos que fueron reclutas de los italianos.

Personalmente, la lectura de esta novela me sedujo inmediatamente y me impulsó a colaborar para extender su conocimiento facilitando el acceso a su contenido. Partía de mi vinculación y compromiso con los saharauis (por cierto, también en el Sáhara Occidental existe una ciudad de Smara). La convivencia en los campos de refugiados de Tinduf, donde se encuentra buena parte de la población saharaui desde la huida de su territorio en 1975, me ha permitido convivir en la cotidianidad de su vida como refugiados y viajar con ellos por el desierto; así he podido apreciar el valor artístico que tiene en su cultura originalmente nómada la tradición oral y la poesía.

Echo de menos una literatura novelesca saharaui que refleje las vivencias y sentimientos este pueblo, en especial las que tuvieron quienes formaron parte de los grupos rebeldes de finales del siglo diecinueve y principios del veinte contra el colonialismo francés en Marruecos y, sobre todo, en lo que hoy es Mauritania, que, en su huida de las tropas francesas, buscaban refugio en los territorios coloniales españoles por su dominio más laxo; las de sus áscaris, aquellos que fueron reclutados por el ejército español para combatir en la guerra civil española, pues saharauis se integraron en los denominados Tiradores del Rif, y las de aquellos que formaron parte de las tropas y de la policía coloniales en el propio territorio del Sáhara. Personalmente he tenido ocasión de escuchar los relatos de algunos de esos veteranos y puedo asegurar que, desde luego, serían base de partida para muy buenas novelas; así como lo sería lo que vivieron los que huían y los que combatieron desde antes de 1975 hasta hoy día, primero contra el colonialismo español, luego contra los ejércitos de Mauritania (a quien derrotaron) y de Marruecos, contra quien mantienen aún hoy en día una «guerra de baja intensidad».

La ausencia por ahora de una relevante novela saharaui escrita en su propio idioma no significa que no exista un género de ficción. Además de algunas compilaciones de cuentos tradicionales, es de mucho interés una cinematografía emergente, original y con grandes toques de calidad, que ha pasado del documental y los aspectos propagandísticos, imprescindibles en una lucha de liberación nacional, a producir películas de ficción de gran interés y con un arte saharaui que conecta con la tradición oral, una ironía ancestral y la poesía[6].

Volviendo a *Luchar por tierra extraña*, cualquier lector con un mínimo de sensibilidad disfrutará de la evocación de los recursos y la musicalidad que viene de esa tradición oral, en este caso eritrea. Aunque algo nos perdemos siempre de las sensaciones que solo pueden transmitirse desde la lengua original, he tratado que la traducción refleje todo lo posible los ritmos y la mirada que consigue llegarnos desde el creador original, intentar oír a Hailu contando su relato.

6. Películas sobre el Sáhara Occidental realizadas por directores europeos y americanos, así como las realizadas por autores saharauis, pueden encontrarse en la base de datos de FISAHARA, festival de cine que anualmente se celebra en los campamentos de refugiados de Tinduf. https://nomadshrc.org/catalogue/public/

Quiero agradecer la colaboración para este trabajo de Serigné Mbayé, admirable activista, que me facilitó el contacto con Sara, intérprete de tigriña.

JOSEBA GARCÍA CELADA

Prefacio de la edición original en tigriña

ESTE LIBRO, que está siendo publicado bajo el título de *Luchar por tierra extraña*, refleja mis impresiones de cuando, a los dieciocho años, viajé por mar a Italia para conseguir formarme. Se trata también de recoger la memoria de mis compatriotas, los *áscaris* reclutados, que asimismo estaban en esos momentos viajando a ultramar. Por eso mi escrito es sobre una persona joven y también por ello he elegido para ella el nombre original que se me impuso cuando nací. Me considero una persona bendecida y agradezco a Dios haberme permitido expresar las preocupaciones y sensaciones de mi pueblo en aquella joven época.

Esta obra no ha podido ser publicada hasta ahora por falta de medios. Si hoy se publica este libro es gracias al préstamo que he recibido de la Asociación por la Unidad de Etiopía-Eritrea. Les expreso mi gratitud.

Hay otra obra, *Suicidio del emperador Tewodros*[7], que escribí en la misma época en la que trabajaba en *Luchar por tierra extraña.* Es una tragedia en dieciséis versos. Ese texto espera el día en que se vea publicado. Quienes aborden la comparación de ambas obras, verán que entre ambas hay un vivo, irónico contraste: por un lado, un personaje que se sacrifica por su país, por otro, la historia de las personas que mueren luchando en la guerra de otros, en tierras extranjeras.

---

7. Según la traducción al inglés, *Emperor Tewodros's Suicide.* Obra que sigue aún sin publicarse. Todas las notas son del traductor.

Luchar
por tierra extraña

UNO

Un retrato de juventud

POSÓ EL FUSIL JUNTO A ÉL, se arrodilló ante sus padres y suplicó: «Madre y padre, bendecidme, porque no sé qué destino me espera en Trípoli». Tuquabo vestía un uniforme gris adornado con un cinturón de colores y de su tobillo hasta su rodilla estaba vendado con una delgada cinta de tela como la que se pone a los caballos. Superados por la emoción, sus padres no eran capaces de hablar. Miraban el uniforme de su hijo, que no habían visto nunca antes, con ojos llenos de admiración y de tristeza a la vez. Ambos habían envejecido súbitamente. El padre de Tuquabo estaba en la mitad de la setentena, su madre en los últimos sesenta. Sus caras reflejaban preocupación y consternación, su mirada vacía y su ceño fruncido.

Tuquabo era su único hijo. Eso no quería decir que no hubiesen tenido más hijos; a los otros cinco hijos se los llevó Dios hacía mucho tiempo. Esta aparente pugna con la muerte les provocaba una gran ansiedad. Cuando era pequeño, Dios casi se lleva también a Tuquabo.

Pocas semanas después de su nacimiento, su madre le llevó a la iglesia de la aldea. Teniendo prohibido por la tradición entrar en la iglesia, porque todavía estaba recuperándose del parto, anduvo alrededor de ella acunando a su recién nacido; con los ojos llenos de lágrimas, rezó e imploró. «Jesús, mi Señor, el salvador del mundo, me has quitado ya muchos niños, como puedes ver, soy una mujer vieja y no puedo ya tener hijos. Jesús, ten piedad, sé misericorde. Déjanos este niño para que, cuando su padre y yo nos hagamos viejos, él pueda ser nuestro bastón y nuestros ojos. Te ruego que nos lo dejes como regalo». Todavía débil por el parto y temblando por la emoción y el sentimiento maternal, la cabeza empezó a darle vueltas y cayó mareada.

Se recuperó al poco tiempo y volvió a casa reconfortada por una gran sensación de esperanza para su hijo. Al llegar a casa, cayó en un profundo sopor que se pobló de sueños. Su hijo reposó sobre su pecho todo ese tiempo. En su sueño, se veía a sí misma en un paisaje maravilloso. Vio seis flores, llamadas *hawo-hawo* [*haemantus*], moviéndose con el viento. Al acercarse más a las flores, admirando su belleza, vio una mano desconocida con una hoz cortándolas de una en una. Impresionada por el incidente, se le helaba la sangre mientras la siega continuaba, cortando las flores restantes. Cuando la hoz se acercó a la sexta flor, una persona invisible la apartó, de forma que no podía ser cortada. La acción se repitió tres veces. Entonces, mientras se preguntaba ansiosamente qué estaba pasando, vio de repente una elegante figura con una luz brillante. «La visión que has visto es una representación de tus hijos. Cinco han muerto. Yo estoy salvaguardando al último. Soy Medhaniye Alem, en quien has confiado y al que has rezado», dijo y desapareció. Se levantó con incredulidad y alegría; el niño se despertó llorando y, poniendo fin a un largo periodo de enfermedad, empezó a mamar afanosamente, como no había hecho nunca. La madre reconoció su suerte y empezó a besarle. Cálidas lágrimas de alegría corrieron por sus mejillas y dio gracias a Dios por su generosidad y su misericordia al mantener vivo a su hijo. Con el tiempo el hijo creció fuerte y sano. Y el día de su bautismo, su madre insistió en que se llamase Tuquabo Medhaniye Alem [regalo de Dios] por haber recibido una gran bendición de su Dios. Y así se llamó. Su padre se llamaba Habte-Mikael y su madre Tek'a.

Tuquabo Medhaniye Alem, o Tuquabo, como le llamaban, porque la gente prefiere acortar los nombres, creció como un joven robusto, cultivando sus virtudes en casa y en el campo. Era cariñoso y respetuoso con las personas. A menudo mostró el amor por su madre abrazándole el cuello, cogiéndola en brazos y dedicándole palabras dulces y amorosas. Agradó a su padre acompañándole, haciendo sus labores y aprendiendo de él los nombres de sus ancestros. Al anochecer, su padre jugaba con él a comprobar si conocía sus orígenes y preguntándole, «quién es tu padre», a lo que Tuquabo contestaba, «Soy el hijo de Habte-Mikael», para alegría del expectante padre. Su padre iba ampliando la lista, enseñándole cada vez más. «Habte-Mikael es el hijo de Hidru; Hidru era el hijo de Red'ai...». Resultaba encantador ver a Tuquabo, al niño, jugando así con sus padres y creciendo, convirtiéndose en la fuente de alegría de la casa. Cuando se hizo mayor, su padre le envió a la escuela. Aprendía rápido y destacó entre sus compañeros; memorizaba lo que sus profesores le enseñaban y no olvidaba lo que aprendía. Pero también crecía como un habesha y desarrolló un interés por las armas y lo militar. En este aspecto, su padre estaba encantado y le animaba a ser valiente, prometiéndole que esa espada o aquella lanza serían luego suyas. Hay un proverbio tigriña que dice que «una navaja se crea con un borde afilado» y esto pensaba el padre de Tuquabo del valor de su hijo y de su habilidad en el manejo de las armas, de lo que se sentía orgulloso. La madre de Tuquabo también estaba orgullosa por la valentía de su hijo y por su habilidad; ¿qué madre no lo estaría? Pero también estaba preocupada por ello. Pensaba y se atormentaba por el miedo a que su hijo un día muriese en la guerra y ¿a dónde iría a combatir? ¿Volvería una vez que se fuese a la guerra? Incapaz de tranquilizar sus pensamientos, trataba de apelar a su marido, pero no conseguía ningún apoyo. Él la rechazaba constantemente, diciéndole, «No seas tonta... debe alegrarnos ver la valentía de nuestro hijo... no entristecernos». Su madre tranquilizaba sus temores confiando plenamente en Dios para que protegiese a su hijo de toda calamidad o desastre.

Eran una familia rica, con abundante ganado, y contrataban a una familia musulmana para cuidarlo. Algunas veces Tuquabo y su padre iban donde la familia musulmana a pasar la noche y vigilar el buen estado de su ganado. Cuando viajaban, lo que más amaba Tuquabo era el viaje en mula, cuando su padre cantaba y contaba historias, y el movimiento rítmico de la mula, flotando suavemente por las llanuras, llevándolos lejos, como agua que corre por el suelo. Como niño, Tuquabo quedó fascinado por el brusco movimiento de los pájaros volando, y los variados ruidos entre los matorrales hicieron palpitar su corazón. Durante el viaje, podían ver a un grupo de babuinos, y Tuquabo reía al ver los saltos de los monos alejándose de ellos. En su joven corazón, se preguntaba por qué los babuinos, tan fuertes por su número, huían de ellos, pero mantenía esos pensamientos para sí. Al llegar a su destino, agasajados con leche y gachas por sus amigos musulmanes saho, disfrutaban bajo la luna llena y escuchando el rumiar del ganado. El silencio era interrumpido de vez en cuando por el asqueroso aullido de las hienas y por los ladridos y gruñidos de los perros, que impresionaban y asustaban a Tuquabo. Todas estas impresiones las interiorizó y conservó en su limpio e inocente corazón para cuando, más tarde en su vida, se fue a otro país, de forma que así su patria pudo permanecer como un tesoro en su memoria. Al volver a casa de esos viajes con su padre, Tuquabo se colgaba de su madre y le contaba esas historias.

En ese tiempo hubo una guerra en curso en Trípoli y eso era muy conveniente para la gente habesha que quería derramar su sangre en esa guerra. Los jóvenes cantaban, «Es una mujer el que rechace ir a Libia» y los niños pequeños cantaban en respuesta, «Vuelve a nosotros más tarde, Tibuli[8]... Danos tiempo para crecer», sembrando sus venenosas palabras. Tuquabo escuchaba todo esto. Dado que era un chico muy brillante, se cuestionaba en su cerebro todos estos temas. Con el paso del tiempo, como correspondía a alguien nacido en esa época, poco a poco todas las canciones e informaciones se grababan en su corazón. Es un hecho que lo que oyes durante tu infancia se vuelve más claro a medida que envejeces, él decidió ir a Libia a luchar como un héroe y conseguir fama. Decidió esto solo porque oyó que había allí una guerra en curso. Su ambición también pudo verse influida por los jefes habesha que decían que odiaban estar sentados en las breves paradas entre guerras. Rogaban, «Señor, no nos permitas estar dormidos, danos una guerra». Su entusiasmo era evidente cuando decían con fanfarronería que el ejercicio podía ayudar a estilizar sus gordos cuerpos. En todo caso, una vez decidido, Tuquabo empezó a hablar

8. Trípoli aparece a veces escrito como «Tibuli» o «Tribuli», para representar cómo hablan y piensan las personas en ese momento que refleja el autor.

menos y a aislarse más. Su madre notó algo en el aire y empezó a preguntarle incesantemente, pero su única respuesta era «Qué dices, madre... no se está preparando nada...». Él evitaba el escrutinio de su madre y desviaba la vista, temeroso de mostrar lo que había en su corazón.

Una noche dejó su casa y se unió al ejército como un recluta destinado a Trípoli. Para sentir e imaginar la angustia que creó en sus padres, imaginemos la intensidad de esta para cualquiera que sea padre o que tenga padres. Al principio ellos no podían creer o aceptar la realidad del hecho, pero luego dejaron brotar todas las lágrimas y cayeron en una profunda tristeza. No sirvió de nada. Él ya estaba en manos de los despiadados italianos y no había forma de que pudiesen recuperarlo.

Cuando llegó el día de la partida, sus padres decidieron ver a su hijo por última vez y caminar lentamente hasta la estación de tren. Estuvieron al lado de su hijo y, como vimos al principio, él se arrodilló y esperó su bendición. Estuvieron un tiempo en silencio, pero luego forzaron unas palabras. «Tú eras nuestra luz y alegría. Nos sentimos huérfanos. ¿Por qué quieres combatir para un extranjero? ¿Qué tradición es esta para ti y tu gente de armaros y combatir en ultramar? Si tienes todo lo que quieres, ¿por qué? Pero qué podemos decir, todo es voluntad de Dios. Ve y pueda nuestro Señor protegerte y darte fuerza. Y nosotros somos personas ancianas golpeadas por la tristeza y puede que no sobrevivamos hasta tu regreso dentro de dos años. Esperamos verte de nuevo, pero todo está en las manos de Dios». Después de bendecirle, pero antes de que pudiesen darle un beso de despedida adecuadamente, los guardias le arrancaron de su abrazo. Su madre, que alcanzaba a ver a su hijo sollozando terriblemente, no pudo contenerse y se desmayó. Hubiera caído al suelo si no hubiese sido por el apoyo de su marido. Toda la gente alrededor también se sintió afectada al verlo y no pudo controlar las lágrimas. «¡Qué hijo tan cruel! ¿Cómo puede dejar atrás a sus viejos padres?», le maldecían. Tuquabo vio a su madre y oyó las maldiciones de la multitud; el mundo se le derrumbó y se alejó de ellos. Quería que la tierra se lo tragase. Su padre suplicaba mansamente a la multitud que no maldijesen a su hijo, sino que le bendijesen. Su madre, como se había desmayado, no se enteró de las maldiciones contra su hijo. Hubiese sido muy doloroso para ella haberlo oído. Si hubiese podido hablar, se hubiese unido a las súplicas de su marido. Ellos querían mucho a su hijo. Volvieron a su aldea y se vieron superados por el sufrimiento, hundidos en la tristeza. La oscuridad cayó sobre la casa. Fue como volver a casa del funeral de un ser querido.

DOS

La salida desde Asmara

ASMARA ES UNA CIUDAD que se alza en la región de Hamasien, en una llanura. Quien la vea desde el Palacio de Ras Alula le encontrará bella y atractiva. La llegada de los italianos la hizo perfecta, con calles bien trazadas y carreteras flanqueadas por árboles en ambos márgenes. Un día, en torno al mediodía, en la carretera que lleva a la estación del tren, había mucha gente que seguía su camino apresuradamente. Una persona preguntó a otra por qué miles de personas pasaban de largo. «Hoy es cuando los soldados se van a Tribuli. Vayamos a ver». Otro dijo que no era muy atractivo ver a personas lamentándose de su miseria y su tristeza. Cualquiera que no sienta un escozor en esa situación realmente carece de humanidad. Muchas personas estaban congregadas alrededor del tren. En medio de la multitud, había personas que llamaban a sus seres queridos y los que no conseguían encontrar a sus seres queridos estaban en un estado de desesperación. Era un momento muy patético y en más de una ocasión la gente descubría a alguien a lo lejos y navegaban a través de la muchedumbre pisando los pies de otros solo para ver a su persona querida, provocando una avalancha de insultos y maldiciones de personas heridas y llorosas. Algunos habían preparado comida y bebidas para sus seres queridos y los buscaban. Al ver el tumulto de la muchedumbre, quedaban desesperanzados y simplemente permanecían allí. Algunos otros se descubrían unos a otros y corrían a reunirse, y la policía militar intervenía y les golpeaba con un látigo (sí, con un látigo como a un burro). Si se veían el uno al otro desde lejos, se decían adiós y se intercambiaban bendiciones con gestos de las manos. Pero el aspecto más inquietante de la escena eran los negros vagones que rugían como leones famélicos, hambrientos por devorar a la gente habesha con sus bestiales fauces. Atronaban, pitaban y gemían, mientras las mujeres cantaban una canción melancólica, «El tren viene echando humo y la hija de tu madre está llorando». Con la estación del tren todavía llena de público sollozando intensamente y lamentándose, la confusión y el ruido eran mayores de lo imaginable.

Más tarde, los oficiales italianos vinieron para anunciar a los soldados que iban a partir. El ruido de la multitud se intensificó y la policía militar empezó de nuevo a golpear a la gente. Los lamentos y los gritos crecieron aún más. Se oían por todas partes. Empezó una estampida y muchas mujeres cayeron, sin que nadie les ayudase a levantarse. No más de cinco minutos después, sonó la corneta y nadie habló durante unos minutos. Cuando los soldados empezaron a subir a los trenes, la gente empezó a ponerse de nuevo en tensión. Las puertas metálicas se cerraron y los trenes arrancaron sus motores con movimiento lento, arrogante, exhibiendo su orgullo por lo que estaban haciendo, como diciendo que sabían que se llevaban a los mejores hijos de la tierra. Los reclutas movían sus pañuelos, diciendo, «Adiós, tierra mía, me voy a Trípoli». Iban cantando cuando desparecieron por el horizonte. Era una despedida final, para muchos de ellos que no volverían.

El negro tren zigzagueó bajando las sinuosas laderas y las montañas. Cuando llevaba a los reclutas al fondo de las retorcidas gargantas, el tren parecía una fuerza diabólica conduciendo a unas miserables criaturas al infierno. Entre ellos estaba Tuquabo Habte-Mikael. Desde Arbe-Rebu'e hasta Nefasit y Embatkala, observaron la vegetación, exuberantes colinas y serpenteantes caminos. Pero después de un tiempo llegaron más allá de Ghinda, donde los recibió una tierra árida. Habiendo corrido a través de las llanuras semidesérticas durante toda la tarde, el tren los dejó finalmente en Massawa cuando caía la oscuridad. El mar, que parecía lleno de humo por la bruma y la niebla, aparecía ante ellos.

Para los reclutas era su primera vez a la orilla del mar. Tuquabo y los demás estaban sobrecogidos por esa visión. La verdad es que el mar es un misterio para la persona que lo ve por primera vez. La sensación que tienes en ese momento no puede transmitirse ni puede expresarse adecuadamente con palabras. Tiene la apariencia de un campo infinito, gris al atardecer y al amanecer, alternando con un color verde durante el día. De hecho, no sabes qué siente tu corazón cuando estás ante esa vista: parece que eres alguien que está soñando algo magnífico y te quedas estupefacto. Te vienen muchos pensamientos a la cabeza y también deseos. Un deseo incontenible; ¿quieres correr y zambullirte en el mar? Oh, no... ¿Tienes miedo? ¿Qué hacer? Incapaz de controlarte, lloras (puedo asegurarlo) y ríes a la vez. Agradeciendo a Dios que haya creado esta perfecta belleza, tu corazón vuela hasta lo alto de los cielos. Sientes una euforia inenarrable, que creo quisieras experimentar eternamente, deseando mantener un poco de ello para siempre. Si el romper del agua contra la orilla no te devuelve a la realidad, parece un mundo de ensueño. El placer es tan grande. Yendo arriba y abajo, ves las olas del mar chocando una contra otra, mientras vagan como despreocupadas cabras, al tiempo que el agradable viento que viene del mar golpea tu cara, refrescándola del calor de horno de Massawa. También descubres algunos barcos de pesca partiendo para pescar, con sus redes (también con sus mástiles levantados), al mismo tiempo que alguno de los grandes peces que llegan a las aguas someras próximas a la orilla para buscar comida dan una voltereta para alejarse antes de que el sol les golpee más fuerte. Esto es muy agradable de ver. Pero, es más, te hace sentir como testigo de lo que has leído en los Evangelios sobre el mar de Tiberíades o el lago de Genesaret. Te recuerda a Pedro, a Andrés, a los hijos del Zebedeo y a Jesucristo. Todos los reclutas se sentían así.

Al día siguiente a las siete de la tarde fue la hora de embarcar. El barco estaba listo para zarpar y echaba un humo espeso. Los oficiales italianos se sentaron en un puente más arriba que los demás. Los habesha fueron situados al descubierto, donde no había refugio del calor del sol ni de la lluvia, en el lugar donde se pone a los animales.

El barco emitió ensordecedores ruidos cuando se movió el motor. Los marineros corrían ocupados de un lado a otro, unos recogiendo las escaleras, otros levantando la pesada ancla desde el fondo del mar. Al final, los guardias patrullaban por el barco para que no hubiese ninguna persona escondida. Todo estaba preparado. El barco aulló, emitiendo un sonido que te producía escalofríos en el estómago, y se movió lentamente. Los hijos de Etiopía empezaron a cantar. Mientras que uno tocaba el *kirar*[9], un chico zurdo golpeaba un tambor, haciendo un ruido estrepitoso. Tuquabo estaba inmerso en sus pensamientos, lejos del mundo que cantaba y bailaba. Desde el puente del barco miraba hacia atrás a su tierra. Los pensamientos sobre su madre y su padre dominaban su mente y Tuquabo vio Massawa alejarse de él. La verdad es que de noche en un barco no parece que este barco esté navegando, parece que es la tierra la que se está alejando. Tuquabo se sintió emocionado cuando vio su tierra natal alejándose. Y sintiendo un nudo en la garganta, dijo, «Oh, mi país, que me hizo crecer en su verde tierra y sus bellas colinas, te digo adiós.

---

9. Especie de lira, también *krar*.

A todo el campo en el que una vez viví con mi ganado y mis pastores... te digo adiós».

> Ve adelante,
> Deja tu familia y tu país atrás
> Para la expansión de otro
> Que tú no quieres
> Siéntete como un extraño
> Hasta que estés muerto

Pensando en esta canción tradicional, se lamentó del día en que nació. «Fue mi decisión venir aquí, así que ahora sufro las consecuencias», se dijo a sí mismo con rabia. Massawa seguía alejándose de él. Las luces se iban atenuando. Las montañas etíopes parecían enormes murallas cubiertas de niebla. El agua tras el barco formaba espuma y salpicaduras y parecía como un río que les siguiese. A izquierda y derecha, podían ver las últimas luces parpadeantes rojas y verdes, que tomaron como un recuerdo y un saludo final de su patria. Siguieron mirando hasta que las luces desaparecieron, dando paso a la noche cerrada. Quedaron desolados. Los que cantaban pararon sin realmente darse cuenta. Supieron que estaban dejando su país. Hasta esos fuertes hombres jóvenes que poco antes parecían invulnerables ante cualquier cosa que les distrajese de su felicidad estaban ahora callados. También ellos se sentaron y se arrebujaron para dormir donde podían apoyar sus cabezas (ni una *n'edi* o cama de tierra había para ellos ahora), cubriéndose solo con sus abrigos.

Especialmente aquellos con padres y hermanos y aquellos con mujeres e hijos estaban absortos en sus recuerdos. Los que no habían dejado familias atrás pensaban en sus amigos o en las personas más cercanas. Todos ellos pensaban al mismo tiempo en su país. Es más fácil imaginarlo que escribirlo, cuán rápido latían sus corazones al unísono. El recuerdo de la patria de uno puede resultar sobrecogedor. Luego, cayeron en un breve sueño aquella noche, interrumpido por idas y venidas de recuerdos y sueños sobre sus seres queridos. Cuando al día siguiente se despertaron, miraron alrededor a derecha e izquierda. A su izquierda, vieron la tierra de *habab*, lo que los hizo felices aunque no conocían el lugar. Era un gran trozo de tierra que los conectaba y formaba parte de su país. Más tarde, al atardecer, llegaron a una extensión de mar desde la que no se podía ver ninguna tierra. Por todas partes estaban rodeados de mar y cielo. No podía verse nada más. Sintieron el calor. Pero hay una tendencia humana a distraer la atención de la sed cuando se está rodeado de agua y, por tanto, sus mentes aliviadas por la visión del agua marina no parecían especialmente a disgusto.

Al tercer día llegaron a Port Sudán, donde los británicos controlaban el poder. Por fin el ronroneante barco echó su ancla y se paró. Muchos sudaneses negros y gigantescos empezaron a asaltar el barco. Allí, los dos pueblos, los etíopes y los sudaneses, se encontraron cara a cara. Los últimos pensaban, «¡Estos esclavos! ¡Van a Tribuli por dinero!», mientras que los primeros pensaban, «¡Estos negros! Nunca podrán ser superiores a nosotros», juzgándose duramente unos a otros. El barco dejó el puerto. Los reclutas estaban expectantes por ver leones marinos, peces que se comían a los humanos según habían oído, pero en cambio vieron delfines nadando en el mar y alrededor del barco. Se dice que los delfines aman a los humanos. La razón por la que nadan detrás de un barco es para salvar a los humanos que pudieran caer al mar. Se dice que Simón fue salvado por delfines, que le llevaron de vuelta a su país, cuando fue lanzado al mar por sus enemigos. Y algunos dicen que a los delfines les gusta nadar alrededor de un barco por si alguien les echa comida. Cuál es la verdad, yo no lo sé. Para los soldados, todo esto era nuevo y solo observaban en silencio. Los delfines parecían estar cantando canciones de bienvenida y de despedida y que querían decir, «Te vimos salir y te guiamos para cruzar el río y ahora volvemos a casa a por nuestra recompensa», una canción que cantaban las chicas en nuestro país cuando enviaban al novio a la aldea de la novia. Si querían salvar a alguien o si buscaban comida, nadie puede saberlo; pero los delfines volvieron a Port Sudán, saltando en el agua. El sol se estaba poniendo en ese momento y se levantó una fresca brisa e hizo que la gente se sintiese revivir.

El centro del mar era de un negro denso. Los barcos que pasaban tenían por tanto que hacer señas con las luces, como hacía el barco en el que estaban. En su conjunto toda la visión era impresionante. La parte más llamativa para ellos fue la vista de la luna en medio del mar. El cielo y el mar estaban en calma, hacia el este, por el lado de los países árabes, un objeto poco visible como un arbusto y con una aureola, pero solo visible a medias como la mitad de una *enjera*[10], brotó del agua, ante ello todos mostraron miedo. Rezaron, «en el nombre de Dios, del Hijo y del Espíritu Santo», y se taparon la cara. A ellos les parecía un fantasma aterrador y no el reflejo de la luna que salía. Toda su atención estaba en la luna a medida que salía lentamente, su luz volvía roja el agua, haciendo que pareciese pintada de sangre. Si algunos hubiesen estado versados en la Biblia y sabido que el significado de Eritrea es «rojo», habrían entendido que ahora estaban en el mar Rojo. Sobrecogidos y elevados espiritualmente, hubiesen invocado la plegaria de Moisés por la grandeza de Dios. Finalmente, la luna salió completamente e iluminó todo el mar, creando bonitos colores. A su vez, cual gato mimoso al que le gusta frotar su piel con su querido dueño, el

10. Pan plano, básico en la comida eritrea y etíope.

mar devolvió el cariño a la luna con sus relajantes olas. La luna se hizo más brillante, e iluminó más el mar. Cuando la luz cayó sobre los reclutas y el barco siguió navegando, la luna pareció también moverse al mismo compás, como si estuviese unida al barco por una cuerda invisible. Quiero decir que a los reclutas les pareció que la luna también se movía. Los reclutas, especialmente los que venían del interior de Etiopía, estaban sobrecogidos. Creían que estaban soñando. Mirar la inmensidad del mar, en el momento en el que la oscuridad se convertía en luz, solo puede entenderlo quien aprecie y experimente la belleza y la espiritualidad. De las cosas creadas por Dios, la más bella es el mar, que exhibe su inconmensurable grandeza. Por esta razón, los que son sabios lo reflejan y dicen, «Mi país es pobre y subdesarrollado comparado con los demás reinos porque no tiene mar, lo que al propio tiempo hace a la gente cerrada e ignorante».

Después de navegar toda la noche, el día siguiente y también por la tarde, llegaron a una localidad cerca de Egipto. Empezaron a discutir sobre por dónde cruzaron los israelitas el mar; algunos dijeron que aquel era el lugar y otros dijeron que no. Aunque no sabían el punto, conocían la dirección. Ese debate únicamente lo disfruta el corazón etíope, un corazón que se regocija a la vista de la grandeza de Dios y respeta e invoca los versículos de los Libros Sagrados. Entre ellos, los ilustrados rezaban a Dios recitando versos en Ge'ez. Desde lejos, podían verse las colinas árabes con el Monte Sinaí en medio y decían, «Oh, monte sagrado, elegido por Dios entre otras colinas para ser la escalera al cielo, humildemente te saludo», y se inclinaban ante su vista. Un etíope tiene respeto por los lugares citados en la Biblia. De todas formas, el barco siguió navegando. Conscientes de que se iban alejando más y más de su tierra, se vieron envueltos en una mezcla de sensaciones. Ahora llevaban en el mar el cuarto día de los cinco. El mar se iba haciendo menos profundo y vieron los límites entre Asia y África. Sus latidos aumentaron y saludaron a la tierra: «Oh, tú, la tierra, que es nuestra vecina y bebe de nuestro río, el Nilo, paz a ti».

Al día siguiente llegaron a ciudad árabe de Suez y fueron recibidos por una muchedumbre de egipcios, algunos envueltos en coloridas *jellabiyas* y otros vestidos con pantalones caquis. Vendían dátiles, frutos secos y dulces. Los habesha estaban fascinados por su encuentro con los egipcios y por lo que se movía a su alrededor, porque ellos solo conocían a su propia gente y sus vestidos, nunca antes habían imaginado la expansión de la raza humana y la cultura que poblaba el mundo. Dejaron la ciudad hacia el canal de Suez, que era un mar estrecho como un río, y el barco navegó despacio hacia la ciudad egipcia de Port Said. El mar Mediterráneo estaba ante ellos, con sus hinchadas olas, y había a la entrada del puerto una figura colosal de un hombre, solo y firme como si guardase la entrada. Luego supieron que era el monumento al ingenioso francés Ferdinand de Lesseps, quien tuvo la idea de conectar el mar Mediterráneo y el mar Rojo construyendo un canal. Su sorpresa y maravilla se reforzaban con las muchas cosas nuevas que encontraban, incluyendo los altos edificios y las brillantes calles iluminadas, bulliciosas con gente, coches y carros de caballos. Cuando entraron en el mar Mediterráneo, pudieron captar la vista del paisaje africano a su izquierda y, de hecho, vieron la ciudad de Alejandría, pero no pararon. Les hubiese gustado visitar y prestar homenaje a Alejandría y, cuando la vieron de lejos, pensaban para sí mismos, «Esta es la ciudad santa y el hogar del Patriarca de la Iglesia Copta, Patriarca Markos Eskenderia». Lo más emocionante era ver cómo los habesha se sentían de nuevo cautivados por ver la sede del patriarca (como habitualmente, en el mejor sitio), pero ignoraban la maldad de algunos de los patriarcas que fueron enviados desde ese mismo lugar a Etiopía y que causaron tantos problemas a su gente.

Luego se dirigieron brevemente a mar abierto, antes de navegar a lo largo de la costa africana hasta alcanzar la legendaria ciudad llamada Derna. Iba a ser su destino final. Ahora supieron que había llegado el momento en el que se probaría su masculinidad y en el que muchos de ellos encontrarían su muerte. Bajaron del barco, cargados de agonía y miedo. Empezaron a avanzar trabajosamente sobre las arenas ardientes del desierto libio y al cabo de un tiempo pararon, levantaron sus tiendas y se acostaron para descansar. Ya venían cansados del viaje por mar y se durmieron rápidamente. Y de pronto surgió una voz interior, anónima, punzando las mentes de los reclutas. «Oh, mis queridos compatriotas, que no habéis venido a descansar, tened un descanso. Necesitáis descansar, a partir de aquí hay mucho trabajo y dureza esperándoos en este país ardiente. Los árabes están observando desde el horizonte y diciéndose unos a otros, ¡Has visto al perro habesha que ha vendido su vida por dinero! Déjalo estar. Cuídate, habesha; los árabes no son tus enemigos. ¿Serás capaz de reconocer a tu auténtico enemigo? ¿Qué te han dicho ellos? Por ahora solo trata de descansar».

TRES

En lo profundo del desierto

Aquel que combate en un suelo extranjero
la guerra de otro hombre
No por su familia o el honor de su país
Y, cuando yace muriendo,
golpeado por un impacto mortal
De un furioso disparo
Pero no puede decir, «¡Oh! Mi querido país
Aquí está la vida que me diste, te la devuelvo»
Muere dos veces, obligado a una eterna desgracia[11]

ESTE POEMA FUE ESCRITO POR LEOPARDI, un famoso poeta italiano. Podía haber sido escrito para los reclutas habesha. Habiendo cruzado el mar, los reclutas habían aterrizado ahora en el caliente, seco desierto, dejando

---

11. Esta traducción corresponde al texto que aparece en la edición inglesa y es una parte de un poema de Giacomo Leopardi escrito en 1818. Es una versión un tanto libre, pero recoge esencialmente el propósito de establecer un paralelismo con la manera en que el poeta italiano se dirige a los soldados italianos que combatían para Francia. Reproducimos los versos originales: «*Oh misero colui che in guerra è spento, / non per li patrii lidi e per la pia / consorte e i figli cari, / ma da nemici altrui / per altra gente, e non può dir morendo: / alma terra natia, / la vita che mi desti ecco ti rendo*».

atrás su tierra, sus padres, familiares y amigos. «Querido amigo, ¿tú crees que vive gente en esta seca arena?», preguntaba Tuquabo, desconcertado. «¿Qué puedo decir? Estoy como tú mirando a donde me llevan mis ojos». «¿Cómo puedo saberlo?», replicó otro. Los dos se quedaron en silencio. Todos estaban en silencio; salvo susurros y frases inacabadas, ni siquiera una canción o una palabra inteligible se oyó en el grupo. La sensación de conmoción, de tristeza, desesperanza y arrepentimiento se veía claramente en sus caras. La visión del desierto era sobrecogedora. No había un solo árbol o lámina de hierba, por no hablar del agua. Uno podía moverse en cualquier dirección –izquierda, derecha, adelante o atrás– sin dejar de encontrarse siempre rodeado de arena, piedras, grava y montones de polvo. Era una extensión como el mar, pero más hostil. En el mar, puedes ver peces y escuchar el sonido de las olas. No se oía ni un solo pájaro piando, ni había ningún pájaro volando en el desierto. Con el cielo despejado sin nubes, era como un horno caliente. La náusea que producían el permanente brillo y la falta de brisa le hacía a uno preguntarse si estaba en la tierra de la vida o de la muerte. Qué gran diferencia cuando piensas en la verde, ventosa, fértil tierra de Etiopía, donde fluyen arroyos. Todos los reclutas decían ahora, «¡Me merezco esto, por querer venir aquí!». Pero no había nada que pudiesen hacer salvo sentir pena de sí mismos.

Se habían despertado de su breve sueño sudando. Y tan pronto como sonó el silbato para partir, de alguna forma se limpiaron el sudor y empezaron a caminar lentamente hacia un lugar en lo profundo del desierto. Pero empezaron a dolerles los pies por la arena ardiente y algunos trataron de extender sus pies tanto como podían, mientras que otros los enterraban, esperando de esa forma resistir el calor. Los que tenían zapatos los llevaban, los que no los improvisaron uniendo trozos de trapos y pañuelos envolviendo sus pies. Era inútil. Un zapato improvisado no servía para el calor ardiente. La arena era como un fuego ardiente, con cráteres de cenizas calientes por todas partes. Me recuerdo a mí mismo corriendo sin saberlo hacia uno de esos cráteres de brasas. Mis piernas se hundían hasta las rodillas; estaba lleno de heridas ardientes. Cualquiera que haya pasado por esa experiencia como yo lo sabrá; los que no lo han experimentado pueden imaginarlo, de todas formas, contemplándolo con buen corazón. Fue a través de este infierno por donde fueron nuestros compatriotas, no durante un día, sino que vivieron allí dos años. Ni los zapatos, ni los trapos con los que improvisaron zapatos podían salvarles del calor, al entrar la arena en sus zapatos era como si los pies fuesen descalzos. ¿Qué se puede decir? Oh, Dios mío, era devastador ver el castigo desatado sobre ellos.

Hay un adagio tigriña que dice: «La hiena que ríe al amanecer está destinada a causar estragos al anochecer». Seguramente ante ese inicio agónico los reclutas empezaron a preguntarse unos a otros cómo iba a ser esto al cabo de dos años, visto lo que ya estaban sufriendo. ¡Dos años! ¡Dos años en ese calor, en una tierra de infierno, con un terrible viento soplando! Arena fina soplaba sin cesar hacia sus ojos, orejas y narices, haciendo sus vidas miserables al entrar en sus cuerpos a través de sus mangas y sus cuellos. Sus cuerpos estaban sofocados. Dado que era muy fina, la arena, entraba incluso en sus estómagos. Todo cuanto se puede decir es que es probable que esa sea la misma arena fina que viniendo con la bruma llega a veces a nuestra tierra y quema cuerpos, destruye nuestros pastos y consume nuestras despensas. ¿Lo ves? ¿Cómo una tormenta de arena tan caliente –que incluso después de recorrer una gran distancia y habiendo sido ralentizada por la vegetación y el clima templado es capaz de causar sequía y enfermedad cuando llega a nuestra tierra– afectará a alguien que esté en medio del lugar donde aquella despega del suelo abrasador, donde no hay ni un árbol para dar sombra? En todo caso, ¿quién sabe cuántos de ellos cayeron enfermos?

Los reclutas viajaron todo el día y descansaron por la tarde. Sus pies ardían con ampollas y heridas. Durmieron sobre la arena sin nada debajo y sin manta, con su ropa, la munición atada a sus cuerpos. Para los comandantes italianos que cabalgaron sobre mulas todo el día, se levantó una tienda para protegerles del frío de la noche y de las tormentas de arena. Sus camas estaban listas y se preparó agua para ellos. ¿Y quién se ocupaba de esto? Los desdichados habesha, cuyo destino es sufrir. ¿No era evidente que eran los reclutas los que más necesitaban ayuda y asistencia? No, eran los habesha quienes estaban destinados a estar junto a los italianos cuando se les servía la cena, después de estar esclavizados para ellos durante todo el día. Eran también los habesha, que resultaban despreciables para la mentalidad italiana. ¿Y quiénes sino los habesha iban a preparar sus caballos y a empacar sus bienes en la mañana del día siguiente? Bueno, había cosas más sorprendentes. Cuando un hijo de los habesha era elegido como un ordenanza privilegiado para servir a un hombre blanco, para hacer su cama o preparar su espada y sus armas o cocinar su comida o encender su cigarrillo, este creía que había alcanzado el séptimo cielo por encima de sus colegas. Así, el inútil que sigue a una mula y se siente pleno oliendo su estiércol reina como un rey por encima de sus amigos solo porque se ha puesto un sombrero en la cabeza. Y así fue la cosa. Pasando la noche quemados por el calor del día, ahogados por la arena traída por los vientos y mojados por el rocío nocturno, se levantaban al día siguiente y seguían adelante. Cualquiera que viese a los reclutas podría ver sus caras hechas jirones, sus ojos rojos y sus labios agrietados. Estos jóvenes etíopes, cuyas caras antes brillaban como si las hubiesen untado con mantequilla, se convirtieron en cuerpos escuálidos en un solo día. Era difícil reconocerlos entonces como etíopes, sino que parecían personas inútiles de una tierra maldita. Por otro lado, la gente en casa pensaba en ellos y lloraban, «Nuestros sacerdotes, ¿por qué no habláis? No puede encontrarse a ningún hombre joven; todos se han ido a Trípoli».

Y esta vez una voz interior le habló a Tuquabo. «¡Oh, pobre Tuquabo! Tu casa está llena de leche para beber, de mantequilla para comer, pero a tus padres no les queda nadie a quien darle sus alimentos. Tú estás muriéndote de hambre y desgastándote lejos. En casa, cuando vuelvas de tus viajes, tu familia te dará la bienvenida con una sonrisa y se mostrará con bendiciones y una eterna alegría. En tu casa, solías tener agua caliente para lavarte los pies, cerveza o bebida anisada para aplacar tu sed, una cama blanda para dormir y dormías con el corazón henchido de alegría.

Pero ahora, ¿a dónde irás después de estar todo el día esforzándote? Ellos dirían, «No vuelvas donde una mala esposa después de dedicar todo el día a un mal buey». Esto es lo que te ha pasado ahora a ti. No encontrarás a nadie feliz por recibirte, nadie que prepare tu cena y nadie que te lleve a dormir. Es entonces cuando te acuerdas de la buena vida que tenías con tu familia. Tú quisieras tenerla, pero no la tendrás. Y por tanto tratarás de olvidar ese deseo».

Habiendo acampado por la noche del segundo día (aunque fue igual que el primer día), siguieron adelante por el desierto durante siete días, hambrientos, sedientos y sufriendo por el calor abrasador y las tormentas de arena. Así fue, llamaron a la caminata «marcha», un concepto nuevo en tigriña, que inventaron como testimonio de su agotadora experiencia. Pronto estuvieron cerca del territorio del enemigo. Su comandante italiano, en el centro, montado en un caballo, les habló con fuerte voz. «¡Oh, negros áscaris eritreos! Esos contra los que vais a luchar ahora no son sino pastores. Puede que estéis asustados porque son blancos. Pero no son como nosotros.

No poseen fusiles, ni tienen mucha munición. No tienen binoculares como nosotros, ni tienen morteros como nosotros. Solo nosotros somos los blancos valientes; nosotros, los italianos, vuestros jefes. Por lo tanto, golpeadle; no le temáis. Si encontramos cabras, camellos, vacas, burros u ovejas, os daremos algunos para matarlos y comerlos. Pero ay del que encuentre oro, plata o algo parecido y se lo quede. Azotaré su trasero desnudo con cincuenta y cinco latigazos delante de los demás. Entonces, ¿me habéis oído? Yo soy el dueño de todo el botín. Yo soy vuestro jefe; todo lo que encontréis me lo entregáis. Tenéis que sentiros alagados y privilegiados por combatir bajo la bandera italiana. Nosotros, el gobierno italiano, somo grandes; tenemos barcos, trenes, cañones, rifles y aeroplanos. Por esta razón tenéis que luchar bien para nosotros». Terminó estableciendo que ellos, cuando él gritase «*¡Viva l'Italia, viva Emmanuele, nuestro rey!*», debían repetirlo.

Esto es lo que se les dijo a los jóvenes habesha cuando se preparaban para la guerra. Muy bien, ellos eran mercenarios. ¿No era así? La verdad es que a ellos les hubiese importado mucho haber oído mejores palabras. Mientras les hablaba, el comandante olvidó que se estaba dirigiendo a los habesha, quienes, a diferencia de otros africanos que no están orgullosos de su historia y de su tierra, tenían una larga historia de resistencia y, sobre todo, estaban imbuidos de un corazón honesto y de profundidad de pensamiento. Olvidó que los soldados habesha estaban combatiendo porque buscaban valentía y heroísmo, no por el interés en unos pocos peniques.

Sabemos que un soldado que se prepara para luchar no combatirá valientemente si no está defendiendo el bienestar y la grandeza de su país y la de sus padres, su mujer y sus hijos. Nuestro jefe italiano no parecía tener ninguna de estas nociones. Él trataba a sus soldados como alguien que ha recogido niños desde un lugar desconocido para que hagan cosas para él. Les reprendía, les mentía y a veces les rogaba. Los trataba como si fuesen niños y se jactaba ante ellos de la valentía italiana. Así, cuando al final les dijo que gritasen *«¡Viva l'Italia!»*, los que no estaban pensando lo hicieron con una fuerte, melodiosa voz, mientras que los más sabios, Tuquabo entre ellos, tenían un nudo en la garganta y derramaron lágrimas al darse cuenta de lo que les habían dicho. Los juiciosos soldados habesha se sintieron avergonzados cuando vieron a los pastores beduinos que se preparaban para defender su país. La gente del desierto no era especialmente buena en la guerra. Les faltaban cañones y tenían poca munición. No tenían un rey o un jefe que los liderase. Aun así hicieron lo que pudieron para defender su tierra de los ocupantes. Por el contrario, resultaba extraño ver a los habesha, que al principio no habían hecho nada cuando su tierra fue tomada y se postraron ante los italianos como perros (como si no fuese eso ya de por sí suficientemente vergonzoso), preparándose para luchar contra esos árabes que querían defender su país. Los habesha estaban combatiendo para esos que vinieron a colonizar y siendo herramientas de otros para colonizar a los vecinos africanos, sin ningún beneficio para su país o su sociedad. Puede haber alguien reflexivo que crea que combatir a los árabes en nombre de los italianos y exterminarlos de la faz de la tierra resulta perdonable por considerar que los árabes y los negros africanos eran enemigos históricos. Pero lo que se estaban haciendo les caería un día encima. Si un día eran llevados por un francés o un italiano a luchar, ¿no sabían los habesha que los árabes se lo devolverían como venganza? ¿No sabían que dirían a sus hijos, generación tras generación, que, perdonasen lo que perdonasen, nunca deberían olvidar la sangre de los habesha? ¿Y que esa sangría seguiría para siempre?

Mientras Tuquabo y los demás marchaban hacia el «enemigo» árabe, los árabes se preparaban para combatir a los mercenarios negros, a los «esclavos Massawa», como llamaban a los reclutas. Eran gente nómada, como los tigre y los saho en nuestro país, que viajaban de un sitio a otro, dirigiendo sus rebaños hacia verdes pastos. Sus rebaños eran de burros, camellos, cabras, ovejas y caballos. Sus caballos eran famosos por galopar como el viento sin cansarse y eran llamados «acero» por su fuerza. Pero el camello era el más beneficioso para ellos. Transportaba todos sus bienes, no sufría mucho por la sed (podía estar sin beber un mes) y llevaba a su dueño a través de zonas áridas a cualquier destino. El camello tenía la reputación de haber sido bendecido por el Profeta Mohamed. Dado que se decía que el Profeta bendijo al animal, este se tomaba también por razones espirituales. Y por eso era por lo que los cristianos en nuestro país no tenían camellos, pero sí los musulmanes. Se consideraba también que un cristiano que hubiese bebido leche de un camello se había convertido al islam. Recuerdo un día cuando era un niño pequeño. Me encontré con un hombre que guiaba camellos y vi al hombre ordeñando y bebiendo de un cuenco. Con curiosidad, me aproximé y le pregunté si la leche de camello sabía bien. «Tenlo por seguro», dijo y me ofreció probarla. Sorbí de su cuenco, pero cuando empecé a tragar, me disgustó y la escupí. El hombre no estaba muy contento porque escupiese la sagrada leche y dijo «Aha», mordiéndose el labio. El hombre hubiese lanzado su ira contra mí, pero estábamos solos. Lo peor vendría después. Cuando llegué a casa, como si hubiese hecho algo importante, les conté a mi madre y a una hermana el incidente y se disgustaron mucho conmigo. Me lanzaron insultos, gritaron cosas como «¡Eres idiota! ¡Estás loco! Eres un bueno para nada» y otras cosas así. Yo les pedí que me explicasen por qué era pecado o por qué estaban tan enfadadas. Como cristiano, por supuesto, yo tenía cierto conocimiento de los Evangelios y discutía citando versículos bíblicos que decían «Come todo lo que se te ofrezca» y «Es lo que sale de una boca lo que hace impura a una persona, no lo que entra en una boca». Mi madre y mi hermana hicieron lo que pudieron para proporcionar contraejemplos para derrotar mi argumento. Me dijeron que lo peor de todo para los habesha cuando volvieron de ser rehenes de los árabes, cuando recordaban de los malos tratos de los árabes hacia ellos, fue que los obligaron a beber la leche. Así que me dijeron, «Tienes que pensar seriamente quién eres porque has bebido leche de camello, sin estar hambriento ni haber sido forzado a ello». A causa de su educación, yo sabía que podían tolerar muchas cosas; pero, sintiendo las graves preocupaciones de mi madre, también me di cuenta de que podía acabar mandándome a dos semanas de purificación con agua bendita al monasterio de Aba Meta'e o a otra cascada bendita. Así que le dije que en realidad solo había probado la leche de camello y no la había tragado. Aliviada pero también arrepentida, me dijo, «Mi querido hijo, siento haberme enfadado contigo», y me besó en la cabeza. Nos reconciliamos inmediatamente.

Toda esta historia es para mostrar cómo asustaba a los habesha la leche de camello. Por el contrario, ellos no sabían que era el alimento básico en Trípoli. El desierto de los beduinos no podía generar muchos cultivos, dado que no caía ni una gota de lluvia, en ninguna estación, ni en verano ni en invierno. Creo que si no hubiesen tenido animales habrían muerto. Pero Dios no te deja sin nada. Donde hay una pequeña cantidad de agua, crían dátiles, que son además una de sus comidas favoritas. También hacen una bebida embriagadora extrayendo un líquido del árbol. Pero también se dice que, si ves un oasis, la zona donde el agua es abundante, te preguntas si estás en la tierra o en el cielo. Esta gente vive sobre todo en esas zonas y es también donde se establecen los comerciantes.

Los árabes son los descendientes de Ismael, el hijo de la amante de Abraham, Hagar. La mayoría de ellos son de color rojo, pero el calor ha oscurecido ligeramente su piel. Son bellos, tienden a ser altos. Sus mujeres se visten como las mujeres de nuestras tierras bajas y, como siempre están cubiertas, son de menor complexión que sus maridos. Sus hombres ancianos son agraciados con largas barbas. Sus hijos son rollizos, criados con leche. Los hombres cubren sus cuerpos de la cabeza a los pies. Enrollan turbantes en su cabeza. También llevan paños de algodón en la cabeza. Es imposible encontrar a un árabe o a un beduino que viaje con las manos vacías. Si no pueden tener un fusil (que es lo que adoran por encima de todo), tendrán una lanza o una espada o un palo. Los hombres que pueden permitírselo montan caballos.

Pero para los tigriña los árabes son conocidos por su mal comportamiento. No son de fiar, son traicioneros y son rencorosos. Tienen reputación de ser asesinos sin piedad si tienen ocasión. Según el estereotipo difundido por los italianos, decir que los árabes respetarían un acuerdo sería mentir. Si confías en ellos porque han hecho una promesa, se reirán de ti. Todo esto es lo que dicen los blancos sobre ellos.

Pero también tienen muchas cosas buenas que equilibran estos malos comportamientos. Son muy diligentes manteniendo su religión. Nunca olvidan sus oraciones por ningún motivo. Incluso cuando estés hablando con ellos, te dejarán y se irán a rezar. Ninguna otra sociedad haría esto. También son hospitalarios. Pero su mejor virtud es que aman su libertad. Siempre confían en su Dios; no se preocupan por lo que pueda pasar.

Los árabes también son conocidos por no ocuparse a la hora de trabajar para sus necesidades básicas de alimentación, y esta falta de cuidado indudablemente viene de su renombrada indolencia. También aquí hay algunas historias estereotipadas y difamaciones sobre ellos, que copié de un libro, de hecho un libro escrito en italiano. Una de esas historias dice que había un hombre cuya mujer estaba a punto de dar a luz un niño. Fue donde un carpintero y le dio dinero para que hiciese rápidamente una cama para el bebé. El carpintero aceptó y cogió el dinero. Pero cuando el hombre volvió, no había cama. Volvió una segunda y una tercera vez, pero la cama no estaba hecha. El niño nació, creció y llegó a los veinte años. Se casó y le dijo a su padre, «Mi mujer va a dar a luz y necesito una cama para que duerma el bebé». Y el padre respondió, «Antes de que nacieses, pagué a un carpintero para que hiciese una cama para ti. Puede que la haya terminado ya. Así que ve y recupérala». Cuando fue a preguntar por la cama por la que había pagado su padre, el carpintero airadamente contestó, «Por qué me creas este problema, no me gusta trabajar con prisas. Y ahora, si no quieres que te haga una cama, aquí está tu dinero, tómalo». Había fallado en hacer un trabajo que se le había encargado hacía veintiún años.

Otra historia era que, en una casa, un marido y su esposa estaban sentados bebiendo por la tarde. La mujer preparó una agradable cena. Pero se le olvidó cerrar la puerta y pidió a su marido que la cerrase. Él dijo, «Ve a cerrarla tú misma si quieres». Discutieron mucho tiempo, diciéndose el uno al otro, «¿por qué no la cierras tú?». El marido al final le sugirió a su mujer, Fatima, que debían quedarse callados y el primero que dijese una palabra cerraría la puerta, y ella estuvo de acuerdo. Con la comida delante, estuvieron callados sin siquiera moverse. Pronto llegó un mendigo. Limosneó, diciendo, «La comida es un regalo de Alá y dadme algún donativo de ella». Nadie le contestó. Maldiciendo por la mala familia que eran, entró y comió de la comida que Dios había puesto para él hasta que quedó lleno. Comió la carne y colgó los huesos del cuello de la mujer. Nadie habló mientras esto pasaba. El mendigo se fue con la tripa llena. Luego vino un perro y entró en la casa cuando vio la puerta abierta. Sin nadie que le dijese que se fuese, el perro se movía y olisqueaba por la casa. Luego se acercó a ellos. Cuando se dio cuenta de que no hablaban, siguiendo su instinto, quiso comerse los huesos que colgaban del cuello de la mujer. Pero la mujer persiguió al perro y le gritó que se fuera. Su marido entonces se rio y dijo, «Tú has hablado, ve a cerrar la puerta». Ella estuvo de acuerdo y fue a cerrar la puerta. Pasaron la noche acurrucados enfadados, sonándoles las tripas. Por la mañana, su marido, con sorna, dijo, «Señora Fatima, no deberías haber apostado, yo no hablé, pero tú sí». «Sí, tienes razón, hablé», contestó ella, «pero si el perro no hubiese venido, no habría dicho nada». Así pasaron la noche enfadados porque eran demasiado indolentes para simplemente ir y cerrar la puerta.

Parecido, un anciano fue a recoger higos chumbos, pero cogió una insolación y se puso a rezar, diciéndose que esperaría con su Dios hasta que el sol se enfriase. Así que se sentó a la sombra. Entonces vio pasar a una mujer llorando. Le preguntó por qué lloraba. Ella contestó: «No puedo tener un hijo. Y mi marido me pega siempre. No se divorcia de mí». El hombre le dijo que podía asegurarle que tendría un hijo, «en cuanto recojas mis higos chumbos». Ella estuvo de acuerdo. Cuando ella se fue para recoger los higos chumbos para él, sacó su fusil y quitó un poco de suciedad usando su cuchillo. Cuando ella acabó y volvió, él le dijo, «Toma esto y mézclalo con agua y bebe», y se lo dio. Ella bebió la mezcla y se demostró que no era un antídoto para poder tener hijos, sino que la mató. Imaginad hasta dónde lleva la indolencia.

Esto es lo que se decía sobre el carácter de los árabes. Pero viendo ahora cómo se armaban para luchar cuando se les dijo que venía un enemigo extranjero a atacarles, al final nadie podía creerse esa supuesta desidia. El conjunto de lo que se veía llevaba a otro criterio por la gran actividad que estaba teniendo lugar. En medio del ruido de ovejas y cabras, estaban los que preparaban sus armas, afilaban sus espadas, limpiaban sus fusiles y cosían todo lo roto para su calvario. En el caos de la guerra, uno podía ver a las mujeres secando sus lágrimas mientras llevaban comida y armas a sus hombres combatientes. Se podía observar a los niños llorando mientras sus padres se preparaban para la guerra mientras las madres lloraban. Por otro lado, uno podía observar a los héroes árabes musulmanes jurando combatir a los «infieles». Ver a los más viejos animar a sus hijos, mientras los chejs encarados hacia Medina rezaban a Mohamed para que les diese ayuda y victoria (con el bufar de los ansiosos caballos a su espalda), era una experiencia ante la que ninguna persona dotada de un corazón humano podía permanecer indiferente.

Después de la preparación, llegó el momento de partir. Besaron a sus hijos, padres y familiares para despedirse. Los que tenían caballos los montaron; los que no iban a pie. Los más valientes iban al frente y cantaban, «No hay más Dios que Dios y Mohamed es el Profeta». Uno de ellos se plantó y habló a los soldados árabes de esta manera: «¡Tened un corazón valiente! Que los infieles vengan a invadirnos no es un fenómeno normal; como está dicho, los hijos de Mohamed van a otros sitios para gobernar y saquear, no son otros los que vienen aquí a gobernar y saquear. No debemos permitir que nos pase algo que no les ocurrió a nuestros padres y abuelos. No debemos avergonzarnos de nosotros mismos. O liberaremos nuestra tierra o seremos enterrados en ella. Debemos volver a nuestra gente con el símbolo de nuestra victoria o dejar que sepan de nuestra muerte». Concluyó repitiendo, «Hoy es un día de gloria o de perdición». Se sintieron unidos por su discurso y todos cantaban canciones de guerra, cada vez más fuerte. Desenvainando sus espadas, juraron no ser llamados hombres si no derramaban la sangre de «esos perros».

Murmuraban a sus caballos que tendrían como comida la sangre de los cristianos. Animados por esos mensajes inspiradores, los árabes encendidos avanzaban cada vez más rápido y, después de viajar toda la noche, llegaron a una distancia visible para el ejército italiano de reclutas. El comandante del ejército italiano tocó el silbato para que se preparasen para la batalla. Ordenó a todos los soldados disponerse en dos líneas, una delante y otra detrás, según las técnicas militares europeas. En los flancos derecho e izquierdo, se alinearon los soldados de la artillería pesada y de las ametralladoras. Habiéndoles mostrado cuáles eran las posiciones, les gritó «en guardia». Después, les ordenó colocar sus bayonetas en los fusiles y les dijo que se tumbasen en el suelo. Al no estar acostumbrados tradicionalmente a permanecer tumbados en el suelo para el combate, los soldados habesha estaban confusos por esa orden y se preguntaban por qué tenían que echarse en vez de encarar a su enemigo de pie. De hecho, pensaban que serían pisoteados por los caballos. Pero, a pesar de eso, hicieron lo que se les dijo.

Pronto se sintieron angustiados; recordaban a sus padres y madres y pensaban en sus aldeas. Se preguntaban quién les enterraría si morían allí, sin nadie alrededor para cuidar de sus tumbas. Entendieron lo loco que resultaba combatir en una guerra de un extraño sin beneficio para el propio país. Pensaban que resulta aterrador, aun combatiendo en tu tierra por tu país, que una sola bala pueda acabar con tu vida; luego todavía más luchando solo en tierras extrañas para una fuerza extranjera. En esas circunstancias, no hay nadie, ni los más valientes, que no tiemble de miedo. Bueno, en nuestro país, los combatientes suelen ocultar su miedo gritando y agitándose. ¡Pero estos reclutas no podían hacer eso! Porque estos reclutas estaban adiestrados al modo italiano y lo primero que se les dijo fue que estuviesen callados y quietos a menos que el comandante ordenase otra cosa. Los árabes permanecían indiferentes, concentrados en sus corazones. Ellos sabían que iban a luchar *por* su país *en* su país. Si eran derrotados, sabían hacia dónde correr. Si tenían sed, sabían dónde encontrar agua. Si buscaban un lugar de refugio, encontrarían a alguien que los preservase. Todas estas cosas les levantaban la moral. Es más, dado que eran musulmanes, también los animaba lo que Mohamed les había dicho: que serían recompensados en el paraíso por haber matado cristianos y que irían directamente al paraíso si morían en esa guerra. Parecía que la guerra era para ellos como una boda. Si hasta entonces generalmente no habían sido muy estrictos siguiendo las reglas del Corán y habían sido algo negligentes con las enseñanzas de Mohamed, ese día estaban impacientes por obtener las bendiciones del cielo, para ellos y para sus hijos; y, si morían como mártires, por ganar las recompensas que recibirían directamente en «su Jannah», que está llena de miel, leche y vírgenes. De todas formas, cuando se dan cuenta de que la muerte está realmente cerca, siendo seres mortales como todos nosotros (tan asustados como estamos con la muerte, aunque no podremos escapar de ella, más pronto o más tarde), ellos también dudan.

Poniendo su fe en Mohamed, los guerreros árabes fueron a la batalla con valentía y determinación. Entraron en la lucha directamente y fueron adelante; pero no tenían líderes que les diesen instrucciones. Parecían ganado yendo hacia las hienas que les atacaban. Mientras avanzaban levantando polvo, los reclutas del ejército italiano (los áscaris) los bañaron con balas como si fuese agua. Los que estaban en primera línea cayeron como hojas; algunos fueron abatidos directamente por las balas; otros cayeron junto con sus caballos cuando fueron abatidos los caballos. Pero la muerte de los del frente no frenó a los demás. Corriendo por encima de los cadáveres de sus hermanos, los árabes siguieron avanzando, algunos cayendo y otros corriendo con sus caballos contra las posiciones de los reclutas, que saltaron como tigres. Allí, muchos reclutas que estaban tumbados en el suelo fueron pisoteados por los caballos y otros fueron masacrados por hombres blandiendo una espada que gritaban *«¡Jihad fi sefil Allah!»*. En ese momento, el comandante italiano ordenó a los áscaris «levantaos», aunque ellos no esperaron a que se lo ordenase.

Otros combatientes árabes estaban penetrando también desde otras partes. Cualquiera que viese la lucha desde la distancia no podría decir por qué parte se había iniciado la guerra; no podría identificar cuáles eran las posiciones italianas o las árabes. Solo podría ver gente moviéndose y caballos saltando. Solo podría ver fogonazos de armas, fusiles disparando y nubes de polvo. Y uno podría oír los alaridos de los combatientes heridos; los gritos de los que mataban y los chillidos de los caballos. Nuestros paisanos estaban encontrando difícil combatir con la espada, dado que no era la habitual en su tierra. Pero cuando vieron que no era mejor, sacaron sus espadas y empezaron la matanza. La espada curvada de los habesha podía cortar a dos o tres hombres a la vez. Como podía abatir muchos hombres a la vez, los árabes entraron en pánico y empezaron a retroceder lentamente. Los guerreros habesha presionaban mientras los árabes seguían retrocediendo, tras lo cual se dieron la vuelta y echaron a correr, cuando la matanza fue excesiva para poder soportarla. Pero, hay que decir la verdad, no hay nadie que pueda correr más rápido que los etíopes, y cazaron y mataron a muchos de aquellos desafortunados árabes. Fue un momento horrible y desconcertante ver a los árabes corriendo, a los habesha persiguiendo, a los italianos gritando; las tres culturas diferentes, con diferentes estilos de combate, mezcladas en la guerra. Para los habesha combatir en una guerra era presionar adelante, costase lo que costase; para los italianos era cumplir la orden de su comandante, aunque el enemigo llegase a estar cara a cara, nadie debía moverse a menos que se le ordenase (decían). Y, sobre todo, nadie debería disparar sin instrucciones. Te dicen que no hagas nada, ¡aunque te estén masacrando, hasta que te den la orden! Para los árabes, primero debes correr hasta tu enemigo y luego, si las cosas se ponen feas, corres para salvar tu vida. En resumen, los habesha trabajan con una fuerza incomparable, los italianos mediante preparativos y los árabes mediante acción y riesgo. Pero, para decir la verdad, nadie puede superar a los habesha corriendo, y cuando los árabes cayeron en sus manos (pobres), los masacraron como tigres sedientos de sangre, mientras que por todas partes los dos grupos corrían uno tras otro como perros cazando y gacelas huyendo. A veces los árabes en retirada se paraban y mataban a habesha perseguidores antes de caer ellos mismos en su inevitable muerte, pero decididos a morir de una forma por la que ellos podrían ir a Jannah, donde abundan la leche y la miel, como Mohamed les ha prometido. Además, los árabes tenían otra táctica, que era preparar una emboscada y ahí matar. De esta forma masacraron a muchos hijos de los habesha. Al final, los que tenían caballos corrieron a la salvación y los que no los tenían fueron muertos o capturados. Y así terminó con una completa victoria para los habesha. No, estoy en un error. Fue para los italianos.

Esa noche, tarde, los italianos hicieron a los áscaris levantar el campamento y encender fuegos, y les dejaron comer su cena con la carne de las cabras que habían saqueado. Los áscaris llenaron sus estómagos de carne y se sintieron satisfechos. Estaban muy cansados y se quedaron dormidos ahí donde estaban inmediatamente después de cenar. Tuquabo fue uno de los que se sintió ese día un héroe de guerra. Fue alagado por sus colegas por sus acciones. Pero, mientras se preparaba para dormir, fue llamado para ser uno de los centinelas nocturnos. Habiendo estado todo el día en la batalla, se disgustó por el llamamiento y se dijo, «Qué lástima, esto es como volver donde una mala esposa después de echar todo el día con un mal buey. Después de sudar todo el día, ¿me merezco estar despierto toda una noche de insomnio?». De todas formas, como soldado, sabía que no podía ser relevado de su deber porque suplicase o porque sus comandantes fuesen empáticos con él, y, por tanto, se tragó su dolor y acudió al deber. Ser un centinela nocturno significaba que tenías que sentarte en un lugar desde el que pudieras observar a la gente que fuese o viniese y tener que ser cauto y estar alerta por si el enemigo viniese inesperadamente. Ser un centinela nocturno significaba también que no deberían encontrarte hablando con otro o sentado tranquilamente o durmiendo. Eso daría lugar, sin ninguna duda, a que te disparase tu comandante instantáneamente. El centinela nocturno debía estar alerta y permanecer despierto dos horas, hiciese calor o frío. Pasase lo que pasase, se suponía que no se podía mover de su sitio. Este trabajo era agotador y de gran preocupación para los reclutas, y su lamento se expresaba en el verso que cantaban: «Libia, Libia, Libia, corriendo durante el día y vigilando por la noche».

Tuquabo fue elegido centinela nocturno junto con algunos camaradas. Hicieron turnos en sus posiciones. Cuando llegó su turno por la noche tarde, Tuquabo cogió su fusil, se puso su cinturón de munición y se situó en el puesto de guardia. Como hacía un frío incómodo, se cubrió con una manta. El lugar estaba muy silencioso; no se oían ni sonidos de animales salvajes ni el sonido chirriante de un grillo. En nuestro país uno nunca se siente solo; aunque asuste oír sonidos de animales salvajes por la noche, escucharlos tranquiliza tu corazón a pesar de todo. Sientes que hay algo a tu alrededor. Aquí, Tuquabo estaba solo como un trozo de madera. Solo veía un área amplia de tierra vacía a su alrededor en todas direcciones. En ese momento se acordó de su patria y se dijo, «¿Qué estarán haciendo ahora mis padres? ¿Tal vez están llorando cuando ven mi cama vacía? Y yo estoy aquí solo en este desierto en tinieblas. ¿Qué tierra es esta? Ni un árbol, ni hierba que puedas pisar, ni destellos de luces (o señales de fuegos cocinando) que muestren una lejana aldea, ni sonidos de animales. Vayas donde vayas todo es arena, día o noche, arena infinita. ¡Y a esto ellos lo llaman un país! Ehmm. Los árabes luchan por esta tierra baldía. ¿Y nosotros? ¡Una maldición caiga sobre nosotros! Nosotros no hicimos nada cuando los italianos vinieron a tomar nuestra fértil tierra. No solo eso, acogimos a los italianos ciegamente y les guiamos como niños y les permitimos entrar en nuestra patria y ahora les estamos apoyando para conquistar esta tierra. Dejamos que se tomase nuestro país y ahora somos instrumentos para ocupar el país de otros. Perdimos nuestro país y estamos extendiendo nuestras manos para colonizar otras tierras. ¿Cómo combatirían los árabes si tuviesen una tierra tan buena como la nuestra? Cuando piensas en esto, los árabes ahora son nómadas y si no se hubiesen preocupado demasiado, podrían haberse movido fácilmente y dejar esta árida tierra a los italianos. Pero a pesar de todo, ¡ellos no se arrodillaron ante el gobierno de los italianos!».

Tuquabo siguió vagando con sus pensamientos. «De vuelta a casa, esta vez pasaré mucho tiempo durmiendo y despertándome. Si hay una fiesta, tocaré el tambor con mis amigos y habrá chicas y chicos cantando juntos con mucha música. Pasaremos la noche cantando dulces canciones como "Ten fe en Dios y nada te pasará" y "Querida, ¿te gustaría beber en una copa de cristal?". También montaremos a caballo y a veces lucharemos tan fuerte que nos lanzaremos el uno al otro al cielo antes de caer al suelo. Esta especial lucha se llamaba "la lucha de los monjes del Monasterio de Debre-Bizen", porque el monasterio se esconde en la cumbre de una montaña tan alta que parece tocar las estrellas. Si haces el truco del "Monasterio de Debre-Bizen" y lanzas a tu oponente mientras luchas, ¡seguro que le haces ver las estrellas! Había un luchador llamado Haile que era tan bueno que su mote era Satán. Otro, llamado Tewolde, era también muy bueno. En medio de aquello, uno podría oír a las hienas riendo, a los perros ladrando y ver a la luna brillar mientras las estrellas centelleantes te rodeaban. Tu corazón se derrite. Después de la lucha beberías tu leche y te arrullarían para dormir sobre la blanda yerba».

Cuando mencionó dormir, Tuquabo se acordó de dónde estaba. Salió de sus pensamientos como el que se despierta después de dormir y miró alrededor para verse a sí mismo solo en el desierto. Se acumulaban las lágrimas y el tiempo parecía eterno. De repente, Tuquabo se descubrió cantando. «Estás secándote en el campo vacío, tirado en un lugar que no conoces, no por el bien de tu padre ni de tu madre». Se sorprendió cuando se dio cuenta de que estaba cantando en medio de un absoluto silencio y se calló. Poco después, el siguiente centinela nocturno vino a reemplazarle y, después de intercambiar el santo y seña, Tuquabo dijo, «Te has tomado tu tiempo, ¿eh?», a lo que el camarada contestó, «Eso creerás, pero el tiempo se ha cumplido justo ahora». Tuquabo era una persona amable y sabía que estar solo de centinela nocturno era un tanto estresante; por tanto, fuc a ver al oficial para preguntarle si podía acompañar a su camarada en el trabajo nocturno. Conmovido por la propuesta, el oficial le dijo que hiciese lo que quisiese. Cuando Tuquabo volvió para acompañar a su camarada habesha, se lamentó de que los habesha podían haber utilizado todo su heroísmo y su amor entre ellos por su tierra, no para el beneficio de extranjeros para los que trabajaban como mercenarios en una tierra extraña. Los dos se quedaron solos durante el resto de la noche y charlaron hasta el amanecer. Convertidos así en amigos, Tuquabo y su compañero marcharon juntos de sitio en sitio, como amigos soldados. Golpeados por el calor, el sol y el polvo, y sin agua, caminaron por el desierto días y días sin fin.

CUATRO

La sed de la muerte

UNA MAÑANA TEMPRANO el comandante general dio la orden por la que todos debían recoger para partir y gritó, «¡Empaquetad vuestras cosas y moveos!». Para él, llevaba agua en su mula. Así lo hacían estos compañeros italianos. ¿Pero quién se preocupaba de los reclutas? Aunque se secasen de sed, ¿a quién le importaba realmente? Marcharon de todas formas. Sin saber a dónde iban, siguieron siendo golpeados y no pudieron encontrar nada de agua en su camino. Ni rastro de agua. Si te preguntabas dónde estaba el oficial al mando, estaba en su tienda poniendo a salvo su agua. Tenía guardias alrededor de su tienda y estaba dentro en silencio. Hay un proverbio que dice, «Hay momentos en los que combatir en una guerra es más fácil que resistir el hambre». Pobres reclutas que estaban al borde de la muerte por sed mientras protegían la tienda de alguien que tenía agua. Nadie podría entender lo terrible que debía suponer para los que necesitaban que se compartiese el agua. Era como el hombre rico en el infierno que anhelaba una gota de agua de Lázaro. Ellos hubiesen deseado probar una gota de agua de cualquiera. Pero no estaban allí para otorgarse privilegios refrescándose con agua; se suponía que debían estar allí y evitar que cualquier otro recluta se acercase a la tienda. Cuando oían salpicar el agua, su corazón daba saltos. Era exactamente como ver a un perro cuyos ojos, mientras uno come, suben y bajan siguiendo el movimiento de la mano del dueño. Ellos, después de todo, eran como perros, si los comparabas con los italianos. De hecho, los perros están mejor; ellos por lo menos comen las sobras de sus dueños.

Nadie sabía qué hacían esos reclutas abandonados ahí fuera, que parecían monos a los que se impedía beber agua. Algunos de ellos se movían todo el tiempo adelante y atrás; algunos yacían con convulsiones. Otros cavaban desesperadamente en la arena con las manos tratando de encontrar agua. Pobres almas, creían que podían cavar hasta el agua fácilmente, de la misma forma que lo hacían en su patria. Se encontraban arena más caliente a medida que profundizaban, y, perdiendo la paciencia, levantaban los ojos al cielo y rezaban a su Dios con desesperación, «Oh, Dios, que todo lo ves, estamos en peligro». Unos pocos de ellos (no solo uno o dos) tenían paciencia e intentaban calmar a los demás, pero no tenían palabras. ¿Cómo iba a ser posible pronunciar una palabra cuando la garganta estaba seca y la lengua no podía producir saliva? Sus labios estaban agrietados y secos, sus ojos sin brillo, sus caras cenicientas y sus párpados cubiertos de polvo. Esperaban humedecerse con brisas nocturnas, pero no había ninguna brisa o bruma en el desierto. Aunque hubiese caído algo de humedad, sin hierba o árboles, las arenas calientes la hubiesen absorbido. Así que pasaron la noche asados por el calor.

La orden de moverse se dio de nuevo a la mañana siguiente y los soldados caminaron lentamente. El sol era inaguantablemente ardiente, la arena se calentaba más y el polvo flotaba. Muchos sintieron que les fallaba el corazón y se perdió el orden. Dejaban caer sus fusiles y la munición y se tambaleaban. Al mediodía, a muchos les daba vueltas la cabeza y cayeron y se acurrucaron y allí se quedaron, sangre oscura brotó de sus narices. Y la sangre restante fue expulsada con la última energía de sus cuerpos agonizantes. Algunos no pudieron seguir marchando y colapsaron, quedándose donde estaban como comida para los buitres. Cuando vio esto, el comandante en jefe italiano desapareció sobre su mula, dejándoles atrás. Tenía miedo de que pudiesen matarle, pero lo cierto es que nadie se atrevió. Quiero decir la verdad, ¿se atrevería un habesha a revolverse contra un italiano? Era muy poco probable. Pero para el italiano, el habesha era como un burro débil, al que no podías matar para carne o cuero y al que por tanto dejarías atrás para que muriese en el campo en manos de Dios. El cobarde italiano, que ganó su orgullo y su fama por los fuertes jóvenes habesha, luego huyó cuando vio que estaban débiles y muriendo de sed. Pero para él, solo eran mercenarios; al fin y al cabo, habían sido comprados.

Gradualmente todo el ejército de reclutas estuvo en desbandada. Grupos empezaron a dispersarse en todas las direcciones sin saber a dónde ir. El grupo de Tuquabo, por suerte, tomó una ruta que acabó llevándolos a un lugar donde tuvieron la suerte de encontrar un pozo. Se abalanzaron para beber, pero resultó que el agua estaba profunda. Usando una cuerda, unos pocos empezaron a descender al fondo del pozo para alcanzar el agua. Una vez allí, masticaban barro y enviaban vasos de barro a los camaradas de arriba, para ayudar a paliar la sed. Mientras los camaradas de arriba esperaban con expectación, los de abajo descubrieron de repente un manantial oculto, cuya salida estaba sellada con un trozo de tela, pero brotó agua en cuanto removieron el tapón. Todos se saciaron y lavaron, ayudándose unos a otros. Unos pocos de los líderes de los reclutas que tenían mulas también dieron agua a sus bestias. Eran los pocos bendecidos, los afortunados. En cifras, la cuarta parte de ellos. Habían hecho falta tres días de marcha para encontrar agua. Por lo que respecta a las otras unidades errantes de reclutas, algunas cayeron en manos del enemigo, mientras que los cadáveres de otros yacían por doquier. Unos pocos, al fin, tuvieron también la suerte de alcanzar un pozo con agua, pero se produjo una estampida, como una turba, como un enjambre de moscas zumbonas que caen en un cuenco de leche, y murieron cayendo uno encima de otro. Los que cayeron debajo se asfixiaban y trataron de salvarse pinchando con cuchillos los cuerpos de los camaradas que caían sobre ellos. Con sus entrañas empapadas de sangre, todos juntos murieron allí, con los estómagos abiertos, tanto los que mataban como los matados. Oh, fue una visión terrible. No quisieras que le pasase ni a tu enemigo. Que los padres de estos hijos habesha no puedan ver esto; que no lo pueda ver nadie que tenga un corazón humano. En esto se convirtió el final de los valientes jóvenes etíopes. Y el italiano que los empujó a esto e hizo que esto sucediera iba a pasar una buena noche durmiendo en su patria. A él no le ocurriría nada. Para él todo funcionó bien.

¡Qué crueldad! ¿Y qué les pasó a los reclutas que salieron de este infierno? Todavía tuvieron que luchar en su camino de huida y los árabes empezaron a matarlos de uno en uno. El *griot*[12] cantaba, «De uno en uno fueron diezmados», cuando lloraba la muerte de Negusse, el legendario héroe de guerra habesha. Es verdad que la gente habesha era valiente, pero desgraciadamente los árabes venían en gran número. Al final, los árabes los empujaron hasta el borde del mar y los reclutas supervivientes embarcaron en el barco que los llevó a su casa. En el viaje de vuelta, se apenaban por sus camaradas que cayeron en la batalla y murieron, y lastimosamente cantaban, «No dejes a nadie ir a Trípoli, para que no sean cortados por cuchillos largos y espadas».

Los padres, hermanos y hermanas, por supuesto, se preguntaban qué les había ocurrido a los reclutas durante todos esos días de guerra en «Trípoli». Siempre estaban con miedo y entre lágrimas, preocupados día y

---

12. Narrador de historias.

noche pensando en sus hijos en la guerra, mientras esperaban su regreso. Los padres que tenían en casa otros hijos al menos tenían algo de consuelo por su presencia. Era triste ver a padres como los de Tuquabo, cuyo único hijo había llegado a la familia después de muchos rezos y promesas y que se había ido a una tierra extranjera para arriesgar su vida al servicio de extraños, dejando atrás a sus ancianos padres. Hay mucha verdad en el proverbio que dice «el corazón joven está inflamado por el orgullo». Es angustioso pensar que uno puede dejar a esos padres que solo quieren tu amor, que solo quieren lo mejor para ti, que rezan por tu bienestar y que quieren verse morir antes que tú, y, en cambio, irte a servir a esos extranjeros que no te ven como nada mejor que un perro. Estaría bien si te fueses para comerciar o al campo para cazar o a algo de ese tipo más inofensivo. Pero no, ir a la guerra, a una tierra de sed y hambre, muerte y degradación, es sencillamente incomprensible. Esta no es solo una historia, sino la historia de muchos padres, pero dado que estamos hablando de los padres de Tuquabo, volvamos a ellos.

Es más fácil pensar en ellos que ponerlo en palabras, cómo el tiempo se hacía tan largo para los padres de Tuquabo durante esos dos años. Daba pena ver lo tristes que estaban y cómo, debido a su ausencia, se deterioraba su salud en los últimos días de sus vidas. Cada noche, antes de irse a la cama, rogaban, cantando *Kyrie Eleison*, y rezaban. «Oh, Señor, por favor, permite que el único hijo que nos diste vuelva a casa a salvo. No nos dejes morir antes de que nuestros ojos le vean de nuevo». Su madre tenía pesadillas y en sueños llamaba a su hijo por su nombre. Había veces en que el sueño parecía tan real que creía que se había reunido con Tuquabo en la vida real y extendía los brazos para abrazarle, antes de que súbitamente se alejase de su sueño. Una vez despierta, nunca podía volver a dormirse y murmuraba dolorosamente toda la noche. Todo le recordaba a su hijo. Siempre que veía pasar a un joven muchacho, pensaba lo maravilloso que sería ver a Tuquabo andando como él. Si oía a las madres hablar de sus hijos, su corazón se iba hasta él, al que estaba en ultramar. Si oía mugir a sus vacas, se sentía miserable por el pensamiento de que el pastor dueño estaba ausente, y al pensarlo lamentaba la futilidad de ordeñarlas o de hacer mantequilla, porque sería para que otros comiesen y bebiesen, dado que Tuquabo se había ido. «¡Oh, Tuquabo! Tuquabo», lloraba y era una agonía, «¿Qué tiene de bueno una cosecha si no hay nadie para comer? ¿Si no es para mi hijo Tuquabo, qué me queda sino aumentar mi dolor?». Esos arrebatos se convertían en su única conversación con su único hijo. Los vecinos estaban apenados por ella, por verla en ese estado, y en sus corazones rezaban para que Dios la ayudase trayendo de vuelta a su hijo. Otras veces dedicaba todo el día a repetir el nombre de su hijo, como una persona que se hubiese vuelto loca.

Una vez llegó a la casa una carta de Tuquabo. Ella la cogió y quería comerse el papel, besándolo una y otra vez, apretándola contra su cara y poniéndola junto a su corazón. Y cuando, otra vez, Tuquabo envió una fotografía de él mismo, se quedó sin palabras y no sabía qué hacer con ella, dado que nunca antes había visto una fotografía. Le pareció todo como un sueño. Nunca se separó de la foto, y le encantaba enseñar a sus amigos la foto de su hijo, sintiéndose feliz y orgullosa de hablar de él largamente.

Pasó el tiempo, y llegó un rumor de que los reclutas volvían a casa. Las noticias eran como un fuerte viento que revitaliza los rescoldos de un fuego moribundo, hasta que finalmente brota la llama con toda su fuerza. Así fue para la madre de Tuquabo. Le dio un tiempo de vida a su cansado corazón, pero entonces su corazón, palpitando de alegría y excitación (y ella era una anciana), rompió una arteria y dejó de latir de repente. En un momento se fue, invocando el nombre de su hijo. Su esposo cayó en la mayor tristeza imaginable. Además de perder a su hijo, también había perdido a su esposa. Se quedó solo en el amplio espacio de la casa. La vida era dura para el anciano, que, en los últimos años de su vida, cuando más necesitaba dignidad y amor, se veía en cambio privado de su hijo y de su esposa. Sería distinto para una persona joven, que podría verse engañada y animada por la vida mundana, pero resulta duro para quien es lo bastante viejo como para conocer la vanidad del mundo. ¿Cómo podría ser consolado? Uno podría pensar que las noticias del retorno de los reclutas podrían reavivar alguna esperanza en el padre de Tuquabo, pero él también estaba abrumado por los acontecimientos que venían. Cuando por primera vez oyó las noticias, se vio atormentado por la inseguridad de no saber si su hijo había muerto o estaba entre los supervivientes de la guerra. ¿Y quién podría decirlo? Como dicen, «Si hay agua, hay invierno», lo que le preocupaba. ¿Quién podía garantizar si Tuquabo sobreviviría a los riesgos desconocidos y sin fin del viaje por mar en su camino de vuelta a casa? Y aunque Tuquabo llegase sano y salvo, era perturbador pensar en tener que decirle que su madre había muerto. El padre de Tuquabo no podía comer, beber o dormir. Dejó de hablar con la gente. Pasaba sus días en casa, sollozando miserablemente solo. Los vecinos eran lo bastante amables como para ir a visitarle de vez en cuando y preguntarle, «¿Qué quieres que te traigamos para comer y beber?». Pero es difícil relacionarse con una persona que se lamenta de sí mismo y que no puede encontrar consuelo. Así que él prefería que le dejasen solo y pasaba los días contemplando su pena. Solo su cuerpo estaba en el mundo; su corazón estaba ahora en otro mundo, pensando en su esposa y en su hijo. De hecho, iba perdiendo la memoria; no sabía dónde estaba. Y perdiendo la visión de su mente, no usaba para nada su vista ni su oído.

Después de un tiempo, se oyó que los reclutas habían llegado al puerto de Massawa. De hecho, los reclutas estaban en Massawa. Después de dos años, los afortunados llegaron a Massawa, para volver a sus casas. Pero nadie podía saber los pensamientos que pasaban por sus cabezas. Estaban ahora en la tierra que habían perdido de mala manera. Vieron las cadenas de grandes montañas, que eran el tema de conversación de cada día y de los sueños nocturnos, y no pudieron aguantarse las lágrimas. El paisaje era parte de sus corazones y de sus almas. Era imposible olvidarse de la tierra, más cuando la dejas atrás en paz y prosperidad, para irte solo para pasar adversidades. Se vieron golpeados por una tremenda sensación de alegría y de anhelos cuando vieron en Massawa a gente morena como ellos llevando bultos, y estallaron en una mezcla de risa y llanto al mismo tiempo. Uno solo podía imaginar cómo reaccionarían cuando llegasen a Asmara, si caían en esa euforia al entrar en Massawa, donde para la mayoría de ellos no había ni familiares ni padres con los que encontrarse.

Cuando oyeron que los reclutas estaban entrando en Asmara, mucha gente de las aldeas –niños, mujeres, viejos y jóvenes– se reunió en la ciudad. Algunos habían viajado a pie, otros en mulas. Los que ignoraban si sus seres queridos estaban entre los retornados esperaban con miedo y esperanza. Miedo, porque no sabían si su ser querido había muerto; esperanza en su retorno a salvo. No sabiendo la hora del tren, los aldeanos iban adelante y atrás por la estación preguntando por la llegada del tren. Era desgarrador ver a los agentes habesha con autoridad, que contestaban con arrogancia al teléfono gritando en italiano «Pronto», pero que o simplemente ignoraban o con desdén miraban al suelo ante las preguntas de la gente de su país. Podía ser peor. De vez en cuando, había latigazos, palos y empujones. Entonces era cuando para remarcar esos momentos la gente cantaba,

«Dios nos libre de vuestra cólera, el empleado habesha se ha vuelto contra sí mismo».

Finalmente, el tren con los reclutas llegó a Asmara. Una gran multitud se reunió en la estación mientras llegaba. Los que no sabían que llegaba corrieron a la estación desde casa o desde el trabajo, llevando comida y bebidas. Tras rodear la estación, los guardias, armados con largos látigos y con pistolas colgadas en sus cinturas, se plantaron, engreídos, como preparados para cerrar el paso a una gran fiesta. Su tarea era azotar a todo habesha que se acercase. No había error en esto; esa era su tarea, su orden. Solo los habesha fueron azotados y expulsados. No se atrevían a tocar a cualquiera que viniese de ultramar. Sí, una vez más eran los habesha los que habían sido engañados.

Cuando el tren entró en la estación pitando, los reclutas agitaron los pañuelos. Algunas mujeres ululaban, otras lloraban. «El tren viene humeando y la hija de tu madre está llorando», cantaban las mujeres. La multitud presionó hacia adelante, lo que provocó una conmoción, después de la cual los guardias empezaron a apalear y azotar a todos los que se cruzaban en su camino. Cuando, al cabo de un rato, los reclutas salieron alineándose a un lado del tren, fueron arrastrados por la multitud. La multitud parecía como ovejas o cabras bramando que corrían buscando a sus pequeños, corneando y golpeando todo lo que encontraban en su camino, mientras los pequeños corderos gemían y saltaban para buscar a sus madres. Había ruido, caos, lágrimas y llamadas de nombres por todas partes mientras la gente peleaba por encontrar a sus seres queridos. Los que se encontraban se abrazaban y se besaban, otros zarandeados entraban en una búsqueda desesperada de sus seres queridos.

Al final, cuando la gente que encontró a sus seres queridos se separó de la multitud, el caos terminó. La gente cuyos parientes habían muerto, pero que a pesar de ello habían decidido acudir a la estación para buscar algo con los camaradas del batallón, empezaron a gritar y a llorar afligidos. Estaban inconsolables. Su pérdida era de mayor dolor porque tampoco podían reclamar los restos de sus hijos y de sus seres queridos. Ahora, saber que los cuerpos habían sido comidos por los peces en el mar o por los buitres y las hienas en el desierto llevaba su aflicción más allá de lo imaginable.

El recuerdo de la batalla de Cetimo[13] era especialmente doloroso. A este respecto, recuerdo la historia de una mujer etíope que había perdido a su hermano. Había dejado su patria con su hermano y habían venido a Asmara. Creo que estaban los dos solos. Luego su hermano se unió a los reclutas y murió en la guerra. Ella lo supo mucho tiempo antes. Iba cubierta de luto de arriba abajo. El pelo rapado, los ojos vacíos de llorar, la piel agrietada y desgarrada de dolor, fue a la estación con un andrajoso vestido negro, que era todo lo que le quedaba para mostrar como legado de su hermano. Había estado sollozando en silencio mientras el tren entraba y, después de que los reclutas saliesen, empezó a llamar por el nombre de su hermano. Cuando todos fueron saliendo de la estación con sus seres queridos y supo definitivamente que había

---

13. Se trata de una batalla, la de Cetimo, recordada en la tradición eritrea, pero puede ser una deformación de otro nombre o incluso una leyenda, por lo que no ha sido posible encontrar un dato histórico de referencia.

perdido a su hermano, explotó en lágrimas y fuertes gritos. Rompía el corazón verla. Arrasada por el dolor y balanceándose como quien tiene un fuerte dolor de estómago, gemía y suspiraba desesperada. «¿Qué me dirá mi gente, qué pensarán de mí? Oh, hermano, dejamos juntos nuestra tierra. ¿Es mi destino volver sola? Si me preguntan dónde cayó, no se lo podré decir. Si me preguntan dónde está enterrado, ni siquiera sé dónde está. ¿Qué me dirán? Dejé mi tierra sin nadie que me apoyase excepto tú, mi hermano. Ahora no sé a dónde ir. Dime qué hacer...». Cuando murmuraba estas palabras, su grito femenino y su llanto cortaba los corazones de la gente como una cuchilla. El grito podía conmover incluso a quienes tuviesen un corazón de piedra. Por otra parte, lo que la gente pudo ver ese día no era nada extraordinario. Siguió pasando cada vez que llegaron reclutas a la estación de tren.

Después del bullicio, todo el mundo se fue a casa. El padre de Tuquabo había esperado en su aldea porque en ese tiempo estaba postrado en cama. Tuquabo por tanto fue directamente a visitar a su padre. Cuando se encontraron estuvieron abrazados mucho,

mucho tiempo. Es más fácil imaginarlo que decirlo con palabras, cómo se sentía cada uno respecto del otro en ese momento, es difícil expresar el amor con palabras. Tuquabo preguntó por su madre. Intentando buscar excusas, el padre dijo, «Está de visita por ahí y debería volver mañana...». Pero el corazón de Tuquabo no pudo quedarse tranquilo. En el fondo, él lo sabía y se decía que, si su madre estaba viva, le habría esperado, sabiendo que los reclutas volvían ese día. Se le cayeron las lágrimas y pronto Tuquabo y su padre sollozaban violentamente. Finalmente, su padre le contó lo de la muerte de su madre. Saber que había muerto justo antes de su llegada le causó aún más tristeza. Y con sentimientos de arrepentimiento y con un nudo en el estómago por la angustia, entonó el siguiente canto fúnebre por ella.

> Habiendo ido a una tierra lejana,
> No por el honor de mi patria
> Dejando atrás a mi familia,
> En la agonía y las lágrimas,
> durante dos años
> Y sabiendo que maté a mi madre,
> por seguir a mi vanidad

Aquí regreso arrastrando los pies
Para mostrar mi indignidad
A los que disgusté, mi gente
y mis seres queridos.
Me merezco su maldición.

No careciendo de nada, estaba satisfecho
de comida, bebida
Y ropa para cubrirme
Pero dejé mi patria, oh, qué imprudencia
Aquí regreso para mostrar mi indignidad.
Dejad que todos puedan hablar,
Que articulen su condena.

Yo era alguien bendecido por su gracia y
con prosperidad
¿Por qué me metí en esto?
Madre, esto es por mi culpa
Mi dulce madre, te he fallado,
En lo más profundo el diablo me engañó.
Así sea, acepto tu maldición
Que sea, me niegue un ojo, un diente
y una mano
Y sea estéril como un demonio
Me merezco lo peor;
Que así sea, que todo caiga sobre mí.

Adiós a las armas
Ya he terminado con Italia y sus
tribulaciones
Eso me robó de mi tierra y de mis padres
He terminado con el reclutamiento y las
medallas italianas
¡Adiós a las armas!

Unos días después, Tuquabo pidió ser exonerado del ejército italiano y volvió a su aldea. Su padre no vivió mucho más y la muerte de su madre siguió siendo durante mucho tiempo el mayor dolor que nunca hubiese experimentado.

A modo de epílogo[14]

Laura Chrisman

TODO SE DESMORONA[15] DE CHINUA ACHEBE era considerada, hasta recientemente, como la novela africana más importante, siendo la base de otras obras africanas de la década de 1950 de Camera Laye, Mongo Beti, Amos Tutuola y Ferdinand Oyono. La canonización de la obra nigeriana de 1958 de Achebe, escrita en inglés y publicada por el editor de Lon-

14. Por su interés, hemos incluido aquí el texto que corresponde a la introducción de la versión inglesa *The Conscript*. Laura Chrisman es profesora en el Departamento de Inglés de la Universidad de Washington, especialista en literatura africana. Dedica sus estudios al análisis del imperialismo y de la resistencia anticolonialista. Más información disponible en https://english.washington.edu/people/laura-chrisman

15. *Things Fall Apart*, 1958.

dres Heinermann, tuvo muchas consecuencias importantes. Una de ellas fue la asociación de la estética con los procesos estatales. La publicación de la novela de Achebe durante el nacimiento de la independencia de Nigeria del dominio británico reforzó la visión de que la literatura africana solo podía llegar realmente con la soberanía post colonial. La canonización de la novela de Achebe también sancionó que las lenguas europeas eran el medio incuestionable para la literatura africana. Pero, durante los últimos quince años, los estudiosos han emprendido una importante revisión de la historia de la literatura africana. La presunción de que la ficción africana solo empieza realmente en la post guerra descolonizadora ha cedido lugar a la comprensión, menos ordenada pero más cuidadosa históricamente, de que en África, como en otros lugares del mundo imperial europeo, había escritores colonizados comprometidos en producir ficción importante y original mucho antes de que sus países tuviesen éxito en su lucha por la autodeterminación. *Todo se desmorona* se analiza cada vez más como la inauguración de la institucionalización de la literatura africana dentro de las metrópolis euro-americanas, en lugar de la inauguración de ese campo literario en sí.

Los estudiosos, y los editores, persiguen con fruición la ampliación de archivos a que obliga esta nueva historia de la literatura. Por ejemplo, están descubriendo y reeditando textos africanos del siglo diecinueve, como *Guanya Pau* de Joseph Walter o el anónimo *Marita, or the Folly of Love*. Junto a la ampliación de los archivos crece la investigación conceptual y teórica. Por diversos caminos, pensadores anti y post coloniales, desde Frantz Fanon a Homi K. Bhabha impulsaron la revisión crítica de la idea de que el imperialismo, y su control ideológico/discursivo, ejerciese un control casi total sobre los horizontes del conocimiento de élites, escritores e intelectuales colonizados. Esto ha abierto la vía para reconocer tanto más entidades de sujetos colonizados como una mayor diversidad en su conformación cultural, política e identitaria. Reconociendo que este desarrollo se produjo no solo siguiendo el eje metropolitano-imperial sino también por flujos horizontales hacia otras poblaciones colonizadas y étnicamente sojuzgadas, los estudiosos están reevaluando la propia naturaleza del transnacionalismo. Al propio tiempo, los estudiosos están ahora reconsiderando los espacios dentro de las colonias; en particular un nuevo escrutinio de las relaciones ideológicas y materiales entre las primeras prácticas de escritura africanas y las misiones europeas.

Si los estudios sobre literatura africana están ampliando rápidamente su comprensión histórica y conceptual, el avance de la expansión lingüística en este campo ha sido comparativamente más lento, a pesar del reciente y vigoroso discurso de Ngugi wa Thiong'o, en los últimos treinta años, a la hora de priorizar por parte de autores y críticos de la escritura en las lenguas vernáculas africanas. La literatura anglófona y francófona africana sigue siendo la dominante en la atención de los estudios académicos, al menos en las metrópolis. De todas formas, sí hay un creciente reconocimiento institucional de las literaturas lusófona e hispanófona de Angola, Mozambique y Guinea Ecuatorial (y, en cierta medida, de la literatura en afrikaan de Suráfrica). Más allá de traductores concretos y especialistas, lo cierto es que las literaturas en lenguas africanas permanecen infravaloradas respecto de las importantes expresiones culturales que suponen.

Por estas razones esta publicación de *Luchar por tierra extraña,* la importante novela tigriña de Hailu, llega en el momento adecuado. Su traducción ayuda a revertir el rumbo eurófono de los estudios de la literatura africana y contribuye a continuar la expansión del archivo histórico de esta literatura. Se escribió en 1927, una década que vio imprimirse la mayor parte de la ficción africana eurófona e indígena (así como la poesía). Los autores de la Sudáfrica negra estaban especialmente activos, produciendo novelas anglófonas como *Muhdi* de Sol Plaatje en 1930 (escrita en 1920) y *An African Tragedy* de R.R.R. Dhlomo de 1929, así como la novela sesotho *Chaka* de Thomas Mofolo de 1925 y la novela zulú *Jeqe, Shaka's Body Servant* De John Dube en 1930. De estas cuatro, solo la de Dhlomo tiene un escenario contemporáneo; las otras tres son novelas históricas ambientadas en el siglo diecinueve. En comparación, la obra de Hailu brilla por su planteamiento abiertamente anticolonial, estilo moderno y un tema internacional, el uso por Italia de soldados eritreos en su guerra para la conquista de Libia.

Hailu dibuja un retrato devastador del colonialismo europeo. Al mismo tiempo que expone las operaciones de la dominación extranjera, afronta los obstáculos para su liberación de los que los propios eritreos colonizados resultan responsables, remarcando su complicidad tanto material como subjetiva con su propia explotación. A la vez que desarrolla esa crítica, Hailu celebra el potencial para una conciencia resistente, que él ve ya presente, aunque embrionaria, en las formaciones sociales, culturales y espirituales eritreas existentes.

La aproximación de Hailu al colonialismo se anticipa a los pensadores de mediados de siglo Frantz Fanon y Aimé Césaire. Como ellos, Hailu se siente menos interesado por la historia imperial que por su expresión contemporánea; el imperio italiano está a mitad de su camino, como el propio protagonista Taquabo al principio de la novela. Los detalles de cómo Italia llega a colonizar

Eritrea y declarar la guerra a Libia no se materializan en la narrativa; en cambio, Hailu sencillamente señala: «Era una época en la que se estaba llevando a cabo una guerra en Trípoli y eso era conveniente para la gente de la habesha que quería derramar su sangre en esta guerra». La construcción en pasivo es interesante. El papel de Italia aquí se pierde y su ausencia se vuelve más evidente cuando en la frase siguiente se dice: «Los jóvenes cantaban, "Es una mujer el que se niegue a ir a Libia", y los niños pequeños como réplica cantaban, "Vuelve luego a nosotros, Tribuli... danos tiempo para crecer", diseminando sus venenosas palabras». Hailu opta por enfatizar las acciones proguerra de la juventud local eritrea, de los niños y de «aquellos jefes habesha» que pedían una guerra sobre la base de que «el ejercicio puede ayudar a estilizar sus gordos cuerpos». (Sesenta años después, en la novela de Ken Saro-Wiwa *Sozaboy*, la decisión del epónimo Sozaboy de alistarse en la guerra civil de Nigeria se ve igualmente influida por la difusión intergeneracional de los hombres locales promoviendo una particular visión de la masculinidad).

Como Fanon y Césaire, subraya la deshumanización como centro de la dominación colonial. Césaire enfatiza la deshumanización de los perpetradores europeos: «El colonizador, que a fin de tranquilizar su conciencia toma la costumbre de ver al otro hombre como un animal, se acostumbra a tratarle como un animal y tiende a transformarse *él mismo* objetivamente en un animal». Hailu complica esta ecuación representando a ambos, colonizador y colonizado, como animales. En el capítulo 2, cuando el áscari se prepara para abordar el tren que los llevará a la guerra, la policía militar golpea a la muchedumbre «con un látigo (sí, con un látigo como a un burro)». Esta es la carga del tren, el aparato del imperio, explícitamente bestializado: «los negros vagones... rugieron como leones famélicos, hambrientos por devorar a la gente habesha en sus bestiales estómagos». Después de que los soldados entrasen en combate y protegiesen el acceso de los italianos al agua frente a otros sedientos reclutas como ellos, ellos parecían «perros» serviles, según la consideración del narrador, «cuyos ojos, mientras uno come, suben y bajan mirando el movimiento de la mano del amo». De perros ellos caen aún más bajo, en la visión del general italiano que los abandona en el desierto libio, temeroso de que se vuelvan en su contra y le maten: «Para el italiano, los habesha son como burros débiles, a los que no podrías matar para carne o cuero y por tanto los dejas atrás para que mueran en el campo bajo la mano de Dios. El cobarde italiano, que ganó su orgullo y su fama por los fuertes jóvenes habesha, se da entonces a la fuga cuando sabe que están débiles y sedientos».

Cuando los pocos supervivientes vuelven a Eritrea en tren, la misma multitud que se reunió para despedirles ahora se congrega para recibirles, nuevamente duramente golpeada por los trabajadores de la estación y los guardias. En ese momento, la propia muchedumbre es relacionada con animales: «Cuando, después de un rato, los reclutas salieron a formar en un lado del tren, fueron desbordados por la muchedumbre. La multitud parecía como ruidosas ovejas o cabras que corrían a buscar a sus pequeños, coceando y corneando todo en su camino, mientras que los pequeños corderos gemían y saltaban para buscar a sus madres. Hubo ruido, caos, lágrimas y llamadas a nombres desde todas partes mientras la gente luchaba para encontrar a sus seres queridos». El colonialismo crea un caos de atomización entre los colonizados; Hailu usa epítetos de animales para subrayar la pérdida de la colectividad humana, que es también una pérdida de la comunidad nacional y local eritrea. El resultado autodestructivo de esta deshumanización se demuestra una y otra vez, por medio de las estampidas que aparecen en la primera escena de la estación de tren y más violentamente en el desierto, cuando los desesperados soldados descubren agua.

De todas formas, ni la atomización ni la complicidad definen completamente al pueblo eritreo bajo el dominio italiano. Hailu representa la resistencia que emerge sincronizadamente con la propia guerra. Si los eritreos han aceptado pasivamente la colonización italiana de su nación, la exportación internacional de su gente como carne de cañón produce una oposición que cobra fuerza a partir de formaciones sociales y culturales que vienen de hace tiempo. Los padres de

Tuquabo lamentan su decisión de hacerse soldado, porque ven en ello un rechazo de sagrados lazos familiares: «Nos sentimos huérfanos. ¿Por qué quieres luchar por un extranjero? ¿Qué costumbre es esa para ti y para tu gente de armarte y luchar en ultramar?». Su comunidad agrava esto maldiciéndolo por su traición de este contrato familiar-social: «¡Qué hijo tan cruel! Cómo puede dejar atrás a sus viejos padres». Y hay precedentes bélicos de la conciencia insurgente: los habesha se dice que «están orgullosos de su historia y de su tierra... [y] una larga historia de resistencia».

En sí, los recursos del valor bélico histórico, del orgullo patriótico y del comunitarismo pueden ser necesarios, pero no son suficientes para contraponerse con éxito al imperio italiano. Estos pertenecen a un ethos y a una era, sugiere Hailu, inadecuados para la violencia de la modernidad colonial. Solo la experiencia del campo de batalla puede dialécticamente generar un despertar anticolonial suficiente como para traducirse, potencialmente, en una práctica liberadora. La moderna conciencia de resistencia empieza a tomar forma como una misteriosa «voz interna, anónima», que surge cuando los reclutas levantan por primera vez un campamento en el desierto de Libia e intentan dormir y les advierte que «los árabes no son tus enemigos. ¿Serás capaz de reconocer a tu verdadero enemigo?». No hace falta mucho tiempo después de eso para que soldados como Tuquabo lleguen al completo entendimiento de lo que se está formando en su interior. Esta voz anónima es un original e intrigante recurso por medio del cual Hailu sintetiza la psicología contemporánea y de forma más arcaica la intercesión divina.

Las entidades socioculturales nativas que invoca Hailu combinan impulsos progresistas y regresivos. Entre estos últimos, Hailu apunta a la xenofobia y al prejuicio anti negros dirigido hacia los sudaneses. Hailu dibuja de forma selectiva entre los elementos progresistas mientras rechaza los regresivos, una práctica teorizada y recomendada por el activista anticolonial Amílcar Cabral, en discursos como «Liberación Nacional y Cultura». Lo hace para deslindar el espacio para una comunidad política africana multiétnica, multiconfesional, fundada en un entendimiento global humanista y que compartía la oposición al imperio europeo. Este entendimiento se desarrolla dialécticamente a lo largo de la novela, mientras los soldados viajan a través de Eritrea en tren, a lo largo del mar Rojo y del Mediterráneo en barco, luego a pie a través del desierto libio. La visión de Hailu es simultáneamente nacional e internacional y, como confirma el radical argumento de Fanon sobre su interdependencia: «La construcción de esta nación... llevará necesariamente a descubrir y a avanzar valores universales. Por tanto, lejos de distanciarla de otras naciones, es la liberación nacional la que sitúa a la nación en la escena de la historia. Es en el corazón de la conciencia nacional donde se establece y prospera la conciencia internacional. Y esta emersión dual, de hecho, es el foco único de toda cultura». Unos treinta años después, escribiendo desde un entorno académico anticolonialista, Edward Said, en *Cultura e imperialismo*, se hace eco de este análisis: «Hay... una tendencia intelectual consistente dentro del consenso nacionalista que es vitalmente crítico, que rechaza el despliegue de eslóganes separatistas y cortoplacistas en favor de una más amplia, más generosa realidad humana de comunidad entre culturas, pueblos y sociedades. Esta comunidad es la auténtica liberación humana pretendida por la resistencia contra el imperialismo».

La representación de la nación de Hailu a la vez se solapa y se deriva del influyente análisis de Benedict Anderson de 1983, *Comunidades imaginadas*. Sobre los reclutas, Hailu escribe que «todos ellos, juntos, pensaban en su país al mismo tiempo» mientras viajan en el barco; cuando se despiertan al día siguiente, la tierra todavía resulta visible, «lo que les hizo felices aunque no conociesen el lugar. Era una amplia extensión de tierra que les conectaba y que formaba parte de su país». Este sincronizado conjuro de y ligazón con un espacio compartido más allá de la localidad reconocible en alguna medida se corresponde con la consideración de Anderson de la nación como «imaginada porque los miembros incluso de la nación más pequeña nunca conocerán a la mayoría de sus miembros, ni se encontrarán con ellos ni siquiera oirán sobre ellos, pero en la mente de cada uno vive la imagen de su comunión». Pero, más que los humanos desconocidos, la tierra desconocida en sí es la que proporciona la base de las imaginadas comunión e identidad. Cuando esto llega hasta los humanos miembros de este espacio, Hailu ofrece concreción, no una abstracta generalización: «Aquellos con padres y hermanos y aquellos con esposas e hijos estaban absortos en sus recuerdos. Aquellos que no dejaron atrás familias pensaban en sus amigos o en las personas cercanas». La masa de tierra física compartida establece heterogéneas redes humanas, con una dialéctica que está ausente en Anderson. De esas redes hay que subrayar que la novela de Hailu presenta consistentemente una variedad de relaciones afectivas primarias. La relación primaria del protagonista Tuquabo es con sus padres; para la desconsolada mujer que aparece hacia el final del libro, su pariente significativo es su difunto hermano. En ningún momento Hailu dota a las relaciones románticas o maritales de un significado social o ético elevado, ni apoya una rígida jerarquía de género. Posiblemente su enfoque desvincula los proyectos del patriarcado y el nacionalismo y critica la versión de la masculinidad que impulsa a Tuquabo a luchar. Hay poca base en la novela para ver la nación a través de la lente ideológica de la reproducción heterosexual, un punto de vista que las feministas han criticado por reducir a las mujeres al rol de reproductoras biológicas, transmisoras culturales o abstracciones simbólicas de la nación.

Si la tierra media en la identidad nacional, para Hailu, el mar (ayudado por Dios) media en la identidad internacional. La lógica narrativa de la novela es demasiado compleja para ser debatida aquí. Se refiere al marco espiritual del mar como un poder sublime, conmovedor, que hace que los soldados aprecien la «expansión de la raza y la cultura humanas poblando el mundo» y critiquen la insularidad etnocéntrica que frecuentemente acompaña a la existencia en tierra firme. Hailu lo celebra y llama a una conexión cosmopolita y de intercambio de una forma que no va a borrar sino a complementar las diferencias nacionales, culturales y religiosas. Él sitúa el cristianismo internacional (en su forma de Iglesia Copta) como un precedente para un futuro panafricanismo, por razones más pragmáticas que doctrinales. Para los soldados eritreos que navegan en ese barco, su conocimiento bíblico opera para identificar, reconocer y venerar la geografía extranjera y los monumentos antiguos que encuentran en su viaje hacia el norte. Su encuentro con el canal de Suez les proporciona el ejemplo positivo de una modernidad que permite la conexión de Asia y África, realizada por «el ingenioso francés Ferdinand de Lesseps». Así, el canal y Lesseps contrastan en el capítulo 2 con la ciudad de Asmara, que se dice que los italianos han hecho «perfecta», «bella y agradable», «con calles bien hechas y carreteras flanqueadas con árboles en ambos márgenes». Esta foto abierta y positiva de Asmara da paso inmediatamente a la terrible escena de la estación de tren de Hailu, donde, como se ha dicho antes, los vagones de tren devoran a los soldados y la estación sufre un violento caos. Lo que revela la escena de Suez es que la tecnología moderna introducida por Europa no es en sí misma problemática; el problema está en las relaciones sociales imperiales que la acompañan.

Egipto ya había obtenido su independencia política en 1922, lo que hace que el canal de Suez esté disponible para su recuperación por Hailu como un icono progresista del potencial panafricano. Si los franceses, por medio de Lesseps, pueden ser ahora alagados por su contribución (no voluntaria) a esta posibilidad política, Hailu solo puede condenar a los italianos por sus esfuerzos por dividir y gobernar. Ellos lo hacen no solo mediante la fuerza física sino también por medio de la ingeniería social y la propaganda.

Una de las secciones más originales de la novela es su exposición de los estereotipos árabes. Parece extraño que Hailu dedicase tantas páginas a replicar estos horrorosos estereotipos sin juzgarlos. Pero una lectura más atenta revela que esta es una forma hábil y sutil de argumento anticolonial. Como señala el narrador, son los italianos los responsables de difundir este tipo de «vagancia» árabe, que es refutada por su actividad como soldados defendiendo Libia contra la colonización. La valentía árabe que observa Tuquabo de primera mano revela la ficción de la representación colonial y confirma lo que Fanon podría llamar la «verdad social» de la praxis.

La operativa del texto es de gran interés para Hailu, su propia escritura es de una dinámica constante, moviéndose entre la primera, segunda y tercera persona sin transición (aunque siempre con un propósito), incorporando proverbios, canciones, técnicas cinematográficas contemporáneas y poesía italiana del siglo diecinueve. La mezcla de géneros y voces acompaña un enfoque igualmente dinámico del tiempo y del espacio; la novela abre a medio camino, como se indicó antes, con Tuquabo partiendo a la guerra, vuelve atrás a su nacimiento e infancia, vuelve al presente, destila dos años de reclutamiento y termina en una zona temporal indeterminada, pasando por la muerte de su madre: «Algunos días más tarde, Tuquabo pidió ser relevado del ejército italiano y volvió a su aldea. Su padre ya no vivía y la muerte de su madre siguió siendo la experiencia más dolorosa para él durante mucho tiempo». El movimiento espacial tiene una especial relevancia temática a lo largo del libro (y empieza en el prefacio del autor, que sitúa el origen de la novela en su viaje por mar a Italia). Tuquabo está continuamente en movimiento. Mucho antes de que se convierta en soldado, viaja en tren, viaja en barco, viaja a pie por el desierto, lo vemos como un niño acompañando a su padre en periódicos viajes a su rebaño, mientras que en las proximidades pájaros y babuinos también están en movimiento. También somos testigos del movimiento de las muchedumbres en la estación, del movimiento ilusorio de las montañas eritreas desde el barco, del movimiento de los delfines nadando alrededor del barco, del movimiento de los nómadas libios, del movimiento de los soldados en la batalla. Hailu conecta el movimiento de y a través de las cosas físicas con el movimiento de las emociones y del sonido, todos ellos se combinan y culminan en el latido excesivo del corazón de la madre de Tuquabo, que provoca la rotura de una arteria mientras llama a su hijo. Como Fanon, da su análisis político a través de un análisis fenomenológico de memoria, emociones, imaginación y sentidos, en los que, para Hailu, el corazón humano juega un papel central, unificador, como hace la canción humana. En su enfoque para influir, así como en su exploración del impacto del medio natural en la conciencia humana, Hailu se anticipa a las tendencias críticas del siglo veintiuno en las humanidades.

Por su compromiso temático y de estilo con el flujo dinámico de la conciencia, *Luchar por tierra extraña* es también una obra cuidadosamente realizada y formalmente plasmada. Hailu se poya en los instrumentos estructurales del paralelismo (en este caso también, este patrón se inicia en el prefacio del autor, donde empareja *Luchar por tierra extraña* con su largo poema *Suicidio del emperador Tewodros*). La caótica escena de la estación de Asmara sucede cerca del principio y del final de la novela; es decir, de la bendición/maldición de Tuquabo. Hailu empareja una canción tradicional eritrea con el poema de Leopardi; ambos expresan sentimientos similares en apoyo del «hogar» y contra el exilio. Deliberadamente, e irónicamente, es el poema italiano el que es más abiertamente antibelicista; Hailu utiliza la cultura estética italiana contra sí misma, para criticar el militarismo imperial italiano. El punto de estos paralelismos está tanto en sus contrastes como en sus repeticiones. En la escena final del tren, los empleados eritreos han interiorizado la propensión del colonizador a la violencia, como lo ha hecho la muchedumbre; cuando está finalizando la novela, Tuquabo quisiera ser maldecido, no bendecido. Su elegía final es una extensa síntesis de los poemas tigriña y de Leopardi. A diferencia de estos, esta canción hace posible un futuro alternativo rompiendo con el pasado: «He terminado con Italia y sus tribulaciones / ... / ¡Adiós a las armas!».

Obras citadas

Anderson, Benedict. *Comunidades imaginadas: Reflexiones sobre el origen y la expansión del nacionalismo*. México: Fondo de Cultura Económica, 2021.

Cabral, Amílcar. *Nacionalismo y cultura*. Manresa: Bellaterra Edicions, 2014.

Césarie, Aimé. *Discurso sobre el colonialismo*. Madrid: Akal, 2006.

Fanon, Frantz. *Los condenados de la tierra*. Tafalla: Txalaparta, 1999.

Said, Edward. *Cultura e imperialismo*. Barcelona: Anagrama, 1996.

ÍNDICE

Este libro,
LUCHAR POR TIERRA EXTRAÑA,
se ha terminado de diseñar, componer y maquetar
en Elo, utilizándose la familia tipográfica Celeste
creada digitalmente por Chris Burke en 1990,
cuando se cumplen 87 años del nacimiento
de Ngũgĩ wa Thiong'o, destacado escritor e intelectual
keniano, conocido por sus críticas al colonialismo
y su defensa de las lenguas y culturas africanas.

Aurkeztu dizugun liburuaren eduki, itxura edo inprimaketari buruzko iritzia guri helarazi nahi izanez gero, bidal iezaguzu. Zinez eskertuko dizugu.

La Editorial le quedará muy reconocida si usted le comunica su opinión acerca del libro que le ofrecemos, así como sobre su presentación e impresión. Le agradecemos también cualquier otra sugerencia.

EDITORIAL TXALAPARTA S.L.L.
San Isidro 35
31300 TAFALLA
Nafarroa
Tfno.: 948 70 39 34
txalaparta@txalaparta.com
www.txalaparta.eus